이름
없는
역사

이름 없는 역사

초판 1쇄 2018년 8월 15일
초판 2쇄 2019년 2월 25일

지은이 윤종훈
펴낸이 이상규
편집인 주승연
디자인 엄혜리
마케팅 김선곤

펴낸곳 이상미디어
등록번호 209-06-98501
등록일자 2008. 09. 30
주소 서울시 성북구 정릉로 165 고려중앙빌딩 4층
대표전화 02-913-8888
팩스 02-913-7711
e-mail lesangbooks@naver.com

ISBN 979-11-5893-060-8 03910

이름 없는 역사

잃어버린 시간에서
찾아낸 독립운동가 9인

윤종훈 지음

이상

차례

기록하지 않는 역사는
기억에서 사라진다

뜨거운 여름 어느 날, 가구 수가 그리 많지 않은 시골 마을길을 헤맨 적이 있었다. 마을 한 가운데에 있는 정자에서 땀을 식히고 있을 때 눈앞에 우물이 보였다. 낡았지만 윤기가 흐르는 줄을 잡아당겨 두레박을 끌어올리고 시원한 물 한 모금으로 목을 축였다. 땅 위로 솟은 우물 벽은 이런저런 모양의 돌로 정성스럽게 쌓아올려 빈틈이 없었고 작은 틈마저 푸른 이끼가 메우고 있었다.

우물 곁을 지나는 동네 어르신과 멋쩍은 인사를 나누고 우물이 언제 만들어졌는지 여쭈었다. 나이 지긋하신 어르신도 우물이 언제 생겼는지는 모른다며 손사래를 친다. 아마도 어르신의 아버지 세대에 만들어진 듯하다고 한다. 그러면서 처음에 우물을 만들 때 얼마나 많은 사람들이 고생했는지 전해들은 이야기를 들려주신다. 우물의 역사가 곧 이 마을의 역사인 듯했다. "돌 하나, 나무 한 줄, 마을 사람들을 위해서 서로 나서서 단단하게 올려주셨지."

다음 세대가 편히 우물물을 마실 수 있도록 수많은 사람들이 몇날 며칠을 수고스럽게 우물을 파고 우물 벽을 쌓아올린 것처럼 우리가 지금 살고 있는 대한민국도 이름 없는 수많은 이들의 희생과 노고로 지탱되어왔음을 그 누구도 부정할 수 없다. 나라 잃은 설움의 세월 36년을 그저 절망하거나 체념하지 않고 무소의 뿔처럼 우직하게 조국의 독립과 민족의 해방을 위해 싸워온 역사의 영웅들 덕분에 우리는 지금 여기에 이렇게 있다.

우리는 학교에서 김구, 안중근, 안창호, 유관순처럼 위대한 역사 속 인물을 배웠다. 그들은 우리 민족의 둘도 없는 영웅이며, 암울하고 절박했던 시대의 주인공들이다. 하지만 그들 곁에는 묵묵히 자신에게 주어진 소임을 다하고 스러져간 또 다른 영웅들이 있다.

일제 강점기, 오욕의 역사 속에서도 민족의 자존, 그리고 시대의 격랑을 헤쳐나가려고 했던 이들의 이야기는 수많은 씨줄 날줄이 되어 우리 역사를 만들었다. 그래서 이름 없는 이들의 분투 역시 소중한 우리의 역사이다. 우리의 역사는 그렇게 진심으로 살아온 사람들의 피와 땀, 선한 의지 위에서 세워진 것이다.

그러나 안타깝게도 독립운동에 기꺼이 자신과 가족의 운명을 바친 이들이 1945년 이후에도 또다시 이 땅에서 설움과 가난의 세월을 견뎌야 했다. 임시정부의 비서장 차리석 선생의 아들은 차(車)씨 성을 버리고 신(申)씨로 한동안 살아야 했다. 임시정부가 환국하고 나서도 중국에 남은 동포들을 마저 귀환시키는 임무를 부여받은 광복군 양승만은 자신의 임무를 끝마쳐야 한다는 책임감 때문에 1986년에서야 비로소 조국 땅을 밟았다. 이외에도 조국 독립과 민족 해방이라는 역사의 수레바퀴에 짓이겨진 이름 없는 독립운동가들이 아직도 호명(呼名)되지 못한 채 역사 속에 잠들어 있다. 우리는 지금이라도 그들의 이름을 찾아내고 불러주어야 한다. 기록하지 않는 역사는 기억에서 사라질 뿐이기 때문이다.

이 책을 쓰기 위해 여러 독립운동가 후손들을 인터뷰했는데, 그들로부터 준엄하게 들었던 말이 있다. "부디 독립운동을 했던 사람들과 그 후손들이 지금 어렵게 살고 있다는 얘기는 이제 그만 써달라." 전 재산을 모두 독립운동에 바치고 자신의 목숨과 가족의 안녕마저 포기한 그들의 위대하고 숭고한 삶은 제대로 보상 받지 못했지만 그렇다고 자신들의 처지를 비관하거나 원망하지 않았다. 그들은 선대의 역사를 자랑스러워할 뿐 자신들의 힘든 처지는 개의치 않았다. 그럴 때마다 나는 왠지 모를 부채감으로 숙연해지곤 했다. 인터뷰와 책을 통해 만난 모든 분들께 내가 드리고 싶은 말씀은 이것뿐이다. "험한 시대를 살아주셔서 진심으로 감사하고 존경합니다."

잃어버린 시간, 역사 속에 숨어 있는 그들을 찾아내어 역사의 한 페이지를 채우는 것은 우리의 몫이다. 독립운동에 헌신한 분

이름 없는 역사

들의 이야기가 세상에 더 많이 알려지고 그들의 후손을 존경하는 사회 분위기를 만들고 싶다. 그것은 단순히 경제적 보상에 국한된 것이 아니라 진심어린 존경과 애정으로 그들을 보듬고 보살피는 일이다.

역사를 전공한 것도 아니고 글재주도 대단치 않은 내가 거친 시대의 거대한 물결에 외롭게 맞선 숭고한 분들의 삶을 이야기한 것은 주제 넘는 일일지도 모른다. 하지만 그 내용의 깊이나 전문성을 따지기에 앞서 잘 알려지지 않는 독립운동가들을 역사의 기록으로 남기고 싶은 작은 소망에서 시작된 일이다. 그들을 역사의 이름으로 호명하고 싶었을 뿐이다. 혹여 책에 잘못된 내용이나 치기어린 판단이 포함되어 있다면 너그러이 이해해주길 바란다.

마지막으로 이름 없는 독립운동가들의 이야기를 알려주신 독립유공자유족회 김삼열 회장님을 비롯한 많은 분들에게 감사의 말씀을 전한다.

머리말. 기록하지 않는 역사는 기억에서 사라진다

1

강우규 의사여,
늘 그곳에서
지켜봐주소서

═══ 서울역 광장에서 마주한
강우규 의사

　　수많은 사람들이 제 갈 길을 바삐 움직이는 서울역 광장. 현재
서울역사박물관로 쓰이고 있는 옛 서울역 석조 건물은 1922년에 착
공되어 1925년에 완공되었는데 당시 일본의 동경역과 동아시아 최대
규모를 다툴 정도로 컸다. 1899년 우리나라에 처음 부설된 경인선은
인천에서 노량진까지 운행되었으나 1900년 한강철교가 개통되면서
남대문역까지 노선이 연장된다. 이때 염천교 아래에 목조건물인 남
대문 정거장이 세워졌고 이는 경성역(서울역)의 시초가 된다.

　　일제 수탈 역사의 현장이자 아이러니하게도 우리나라 근대
화의 상징인 이 서울역 광장에 수많은 사람들이 무심코 지나치는 동

　　　　　　　　　　　　　　이름 없는 역사

강우규 의사가 사이토 총독에게 폭탄을 던졌던 서울역 광장에는 그의 동상이 세워져 있다.(출처: 국가보훈처)

상이 하나 세워져 있다. 1919년 3.1운동이 있던 해 9월 2일 신임총독으로 부임하는 사이토 마코토 총독을 향해 폭탄을 던진 강우규 의사(1855~1920)의 동상이다. 강우규 의사의 동상은 의거 92주년인 2011년에 세워졌다. 비록 사이토 마코토 신임 총독 폭살에는 실패했지만 우리나라가 일본과의 병합을 원해서 이루어진 것이라고 세계여론을 기만하던 일제의 간계를 세계에 알린 사건이었다.

무슨 승산(勝算)에서 신임 조선총독은 내임한단 말인가! 이것은

실로 세계의 대세인 민족 자결주의에 위배되며 인도(人道)를 무
시하고 동양 평화를 교란하고 조선 2천만 동포를 궁지에 몰아넣
으려는 원적(怨敵)이다. 따라서 본인은 목숨을 걸고 신임 조선총
독을 살해하여 조선인의 열성을 표명하는 한편, 내외의 동정(同
情)을 얻어 조선 독립을 승인받고자 했다.

- 경성지방법원 판결문 중 강우규 의사의 항변

▬▬ 빈농의 아들로
태어나다

강우규는 1855년 음력 6월 1일 평안남도 덕천군 무릉면 제
남리 68번지에서 강재장의 4남매 중 막내로 태어났다. 형이 두 명,
누이가 한 명 있었다. 강우규의 고향은 평양에서 북방으로 150리
쯤 떨어진 첩첩산중이었다. 강우규의 집안 살림은 넉넉하지 못했다.
〈매일신보〉 1920년 2월 21일자에 나온 내용을 보면 다음과 같다.

원래 강우규의 집은 가난하기로 유명하여 겨우 조반석죽(朝飯夕
粥)으로 호구(糊口)를 하고 지내온 터이오, 강우규는 실양 빈한하
기 짝이 없는 농가의 출생이었소.

조실부모하고 누이에게 얹혀살던 강우규는 지역의 유지나

이름 없는 역사

양반 또는 상인의 자식이 아닌 빈농의 모습으로 묘사되어 있다. 유년 시절부터 청년시절까지 근근이 살아가던 강우규는 1885년 경에 함경남도 홍원군 용원면으로 이사를 한다. 홍원은 예로부터 바다를 끼고 산이 있으며 땅이 비옥한 곳으로 알려져 있다. 그러나 당시는 교역을 위한 교통수단이 발달하지 못해서 홍원은 어업과 농업 등에 대부분의 사람들이 종사하는 곳이었다. 강우규는 여기서 장사를 시작했다. 일종의 잡화상이었다. 어렵게 살던 유년시절에 모아왔던 돈으로 장사를 시작해서 나중에는 장사꾼들에게 돈을 빌려주는 일까지 하게 되었으니 경제적으로는 자리를 충분히 잡은 셈이었다. 물론 이때까지의 강우규는 지독한 가난을 딛고 장사를 통해 부를 일군, 흔하다면 흔한 '성공한 장사꾼'의 모습이었다. 그가 세상에 대해 눈을 뜨고 새로운 뜻을 세우기 전의 이야기다.

▬ 이동휘 선생을 만나다

이동휘. 1873년 6월 20일 생. 한성무관학교 졸업. 대한제국 육군무관학교 졸업. 대한제국 육군 작전장교로 복무. 1908년 서북학회 창립에 참여. 이동녕, 안창호와 함께 신민회 조직. 1911년 105인 사건으로 체포되어 황해도에 유배. 러시아로 망명하여 블라디보스토크에서 신한촌을 중심으로 신채호, 이상설 등과 함께 민족해방운

1. 강우규 의사여, 늘 그곳에서 지켜봐주소서

동 참여. 1919년 중국 상해에 위치한 대한민국 임시정부 국무총리 선임. 이후 국민대표대회를 조직하여 사회주의 운동 통합 추진. 시베리아에서 국제 활동 중 62세를 일기로 병사.

장사꾼으로 살고 있던 강우규는 이동휘를 만나게 된다. 이동휘는 당시 함경도 지방에서 기독교를 전도하고 학교를 건립하는 한편 서북학회 지회를 설립하기 위해 각 지방을 돌아다니면서 많은 이들을 만나 이야기를 전하고 있던 중이었다. 강우규가 살고 있던 홍원 지역에도 이동휘가 나타났다. 당시 이동휘의 이야기를 듣기 위해 인근 지역에서 많은 이들이 모여들곤 했다. 장사꾼 강우규도 이동휘의 이야기를 듣고 싶었다.

> 그(이동휘)가 홍원에 나타나면 온 읍내가 잔칫집처럼 들떠서 그를 접대하였다. 읍내 유지들은 자기 집에다 음식을 마련해놓고 그를 데려다가 그 지방 풍습으로 '때를 한다'고 하여 한 끼씩 식사대접을 하였다. 우리 집에서도 몇 차례 이동휘씨를 모셨다.
>
> ─ 강우규의 손녀 강영재의 〈신동아〉 회고록 중 일부

중국의 역사서나 조선의 역사서 혹은 민가에서 전해지는 이야기들 중에도 비슷한 일화들이 숱하게 전해진다. 일찍이 공자가 춘추전국시대에 세상을 주유했을 때처럼 명망가들의 탁월한 식견, 세상을 꿰뚫는 통찰을 듣기 위해 극진히 대접했다는 이야기들 말이

이름 없는 역사

다. 물론 강우규가 이런 철학적 놀이를 할 목적으로 이동휘를 대접한 것은 아니다. 세상을 살다보면 나와 다른 듯 하지만 '결이 맞는' 사람들을 만나는 경우가 있다. 장사꾼으로서 사람 보는 안목이 있다고 자부했던 강우규가 이동휘를 보았을 때 무언가 느껴지는 것이 있지 않았을까. 물론 당시 삶의 궤적은 서로 달랐지만 빈농의 자식으로 태어나서 홀로 길을 걸어왔다는 것에 대한 어떤 끌림이 있지 않았을까.

강우규는 이동휘가 부르짖던 교육의 중요성, 즉 "학교를 세워서 학생들이 열심히 공부를 해야 청년들이 힘을 갖게 되고 그것이 나라를 찾는 힘이 될 것이다"라는 이야기에 깊은 공감을 했다. 이들의 만남은 즉흥적이거나 일시적인 것이 아니었다. 이후 신흥촌에서 생활할 때도 이동휘는 자주 강우규를 찾아와 이야기를 나누었고 하루는 이동휘가 딸을 데리고 강우규의 집에 방문하기도 했다.

강우규가 훗날 의거를 실행하고자 국내로 들어오려고 했을 때도 이동휘와의 친분 이상의 관계를 확인할 수 있다. 강우규는 국내로 들어오면서 이동휘의 부탁을 전하기 위해 편지를 직접 들고 와서 경북 경주와 함경남도 홍원군에 있던 이들에게 전달했다. 그리고 직접 의거를 실행하기 전 오태영을 만났을 때 "나는 임시정부 군무총장 이동휘의 촉탁으로 군자금을 모집하기 위해 왔으니 나를 도우라"라고 말하기도 했다.

30살이 되기 전의 강우규가 빈궁한 삶을 돌파하기 위해 그저

1. 강우규 의사여, 늘 그곳에서 지켜봐주소서

눈앞을 보고 살아왔다면 이동휘를 만난 이후의 강우규는 새로운 곳을 바라보기 시작했다. 30살이 넘어서 만난 이동휘. 그와 같이 이야기를 나누고 바라보기 시작한 이후 강우규의 눈빛은 더욱 더 날카로워졌다.

빈농으로 태어나서 고향을 떠나온 지 몇 십 년만에 홍원군에 사는 강우규는 그 지역의 유지가 되어 있었다. 홍원군에서 장사를 시작한 지도 이십 년이 지났다. 그동안 모인 재산도 제법 되었다. 강우규의 아들은 세 딸을 낳아 잘 살고 있었다. 홍원군에서 강씨 집안은 남부럽지 않았고 이제 더 바랄 것이 없다는 생각이 들었다. 그러나 이동휘를 만난 이후의 강우규는 예전처럼 그저 그런 '장사치'가 아니었다.

═══ 장사치에서
독립운동가로

1910년 일제에 나라를 잃었다. 그 때 잘 살고 있던 강우규는 모든 것을 걸고 나라를 다시 찾는 일에 남은 생을 바치기로 마음먹었다. 가족들도, 그를 아는 지인들도 '그저 그렇게 참고 살면 살만 할 텐데'라고 이야기했지만 강우규의 생각은 변함이 없었다. 오히려 더 견고한 계획을 생각했다.

강우규는 먼저 자신의 아들 식구들을 연해주로 이주시키기

이름 없는 역사

로 한다. 빼앗긴 조국을 찾는 일을 하려면 잠시 조국을 떠나서 버티는 것이 필요하다고 생각했기 때문이다. 아들이 먼저 도착해서 자리를 잡게 하고 자신은 수십 년간 닦아놓은 기반을 마저 정리하고 떠날 예정이었다. 아들 가족은 1910년 가을에 연해주로 떠났다.

강우규는 이듬해 남은 식구들을 데리고 연해주가 아닌 북간도 두도구로 향한다. 먼 길 떠난 가족들을 합치는 것은 쉽지 않았다. 헤어진 가족들이 다시 만날 수 있었던 것은 고향땅을 떠난 지 5년만인 1915년이었다. 이후 이들은 북만주 길림성 요하현으로 이주하여 신흥동이라는 마을을 새로이 개척하고 정착하려 했다.

강우규는 사실 더 살기 편한 곳으로 갈 수도 있었다. 이주를 계획한 요하면 신흥동은 개척이 필요할 만큼 벽촌이었고 정착하기에도 적합하지 않았다. 그러나 강우규의 계획은 따로 있었다. 편한 정착을 위한 이주가 아니었다. 요하면은 러시아와 만주의 국경지대였다. 우수리라는 강을 건너면 연해주였고 그 뒤는 만주였다. 강우규의 생각은 이랬다. "러시아와 만주 두 곳의 동포들과 연락이 수월한 곳에 거점을 만들어야 한다. 그래야 우리의 활동이 좀 더 자유로울 수 있을 것이다." 요하면 신흥동은 이렇게 만들어졌다. 처음에는 러시아에서 건너온 몇 안 되는 한인들 밖에 없던 한적하고 척박한 땅을 거점으로 삼아 조국을 떠나 만주와 연해주를 방황하던 동포들을 받아들이고 정착을 위한 도움을 주면서 마을을 만들어 나간 것이다.

강우규는 이동휘와 나눴던 이야기를 잊지 않고 있었다. "우

1. 강우규 의사여, 늘 그곳에서 지켜봐주소서

리 민족에게 필요한 것은 교육을 통한 청년의 힘이오. 그 힘이 거세지고 바람이 불어야 빼앗긴 조국을 찾는 힘이 될 것이오." 그는 이동휘와 젊은 시절 나누었던 그 이야기를 실천했다.

1917년 강우규는 요하면에 광동학교를 설립한다. 조선인을 위한 학교였다. 학교에서는 강우규가 직접 기독교 신앙과 일본의 잘못된 제국주의를 가르쳤다. 이동휘가 젊은 날 서북지역을 돌면서 사람들에게 해주었던 그 많은 이야기들을 강우규는 잊지 않고 요하면에서 조선인들에게 그대로 전하고 있었다.

1919년 3.1일 조국에서 울려 퍼진 만세 소리가 이곳에도 전해졌다. 그 때 강우규의 나이는 어느덧 예순을 훌쩍 넘었지만 여전히 '청년'이었다.

▬▬ 노인동맹단

노인동맹단은 1919년 3월 26일 블라디보스토크에 있는 김치보의 집에서 만들어졌다. 이름에서 부터 성격을 단호하게 규정한 이 단체는 46세 이상이 되어야만 가입할 수 있었다. 노인동맹단은 청년들처럼 기민한 투쟁을 할 수는 없었지만 연륜과 지식, 그리고 식지 않은 기개를 바탕으로 독립운동사에 많은 기여를 했다. 노인동맹단은 한성으로 진입하여 만세 시위를 기습적으로 벌이기도 했고, 파리강화회의에 한국독립청원서를 보내고 블라디보스토크 일본 총영사

이름 없는 역사

관에 '재노령 대한국민노인동맹단 근역혈도충간' 명의의 독립요구서를 보내기도 하는 등 국제적인 선전활동에도 매진했다. 군대를 조직하고 기민하게 움직여서 일제의 군경들과 맞서는 젊은이들과 함께 싸우기 위해 대한의 뜻있는 노인들이 모여서 인생을 건 활동을 시작한 것이었다.

강우규는 노인동맹단에 가입했다. 당시 각 지방으로 단체의 확대를 위해 새로운 사람들을 찾아다니던 중 노인동맹단의 일원을 만났던 것이다. 강우규는 노인동맹단의 간부들이 모여 있던 블라디보스토크의 신한촌으로 향했다. 그곳에서 간부들을 만나 이 단체의 뜻을 들은 강우규는 크게 동의하여 일원이 되기로 한 뒤 적극적인 활동을 벌였다.

그곳에서 여러 이야기를 나누던 중 현재 조선의 상황에 대해서도 들었고, 조선에 부임해 있던 하세가와 총독이 곧 조선을 떠나 일본으로 돌아가고 새로운 총독이 부임할 것이라는 이야기도 듣게 된다. 강우규는 생각했다. 하세가와 총독의 교체는 여러 가지 이유가 있겠지만 3.1운동으로 인한 조선인들의 독립의지, 식민통치의 한계를 일본이 감지했기 때문이었을 것이다. 만일 그렇다면 식민지에서 철수를 하면 될 텐데 일본은 어찌하여 다시 총독을 임명하는 것인가? 일본은 여전히 식민통치에 대한 욕심을 거두어들일 생각이 없으며, 새로이 부임하는 총독은 어쩌면 다른 방법으로, 혹은 더욱 가혹하게 식민통치를 강화하리라는 것이 강우규와 함께 이야기를 나누

1. 강우규 의사여, 늘 그곳에서 지켜봐주소서

던 이들의 생각이었다.

═══ 사이토 총독에게
폭탄을 던지다

그들의 생각이 옳았음은 훗날 역사를 통해 입증되었다. 새로
임명된 총독 '사이토 마코토'는 이미 조선에 대한 새로운 지배 통치
방식을 생각하고 있었다. 일본은 힘으로 통치하는 방식이 어느 정도
한계에 봉착했다고 판단했다. 일본은 3.1운동 이후 한민족의 식민통
치에 대한 반발이 국제적으로도 확산되고 있다는 것을 알게 되었고
한민족의 대 일본 투쟁도 강해져간다는 것을 느꼈다.

새로 부임한 사이토 마코토는 조선인들에게 힘의 정치가 아
닌 문화 통치 방식을 썼다. 즉, 말 잘 듣는 조선인들을 일본인처럼 대
우해주고 관직이나 문화적인 혜택을 주는 방식이었다. 조선인들은
혼란에 빠져갔다. 민족이 단결해서 싸워봐야 피를 흘릴 뿐인데, 일본
인에게 잘 보이고 노력하면 '나도 황국신민처럼 살 수 있다'는 착각
을 심어준 것이다. 조선인들은 서로 반목하고 일본인에게 잘 보이려
애를 썼다. 예컨대 이때부터 일본은 헌병경찰제도 대신에 보통경찰
제도를 실시했다. 헌병이 주는 지배의 이미지를 숨기려는 것이었다.
하지만 경찰은 오히려 더 잦은 탄압과 악랄한 통치에 앞장섰다.

또한 민족 신문의 발행을 허용한다는 관용적인 정책을 만들

이름 없는 역사

었지만, 실제로는 검열, 기사 통제, 정간, 폐간 등의 방법을 이용해서 많은 신문들이 어용 혹은 친일 신문이 되도록 길들였다. 이 조치는 이후에도 언론을 장악하는 데 계속 쓰여서 일제치하 말에는 국내의 대표적인 신문이었던 조선일보와 동아일보도 극렬한 친일매체가 되어버렸다.

　　무엇보다 시급하고 중요한 문제는 교육이었다. 일본은 겉으로는 교육기회의 균등한 부여라는 명분을 내세웠으나 실제로 조선인들에게는 고등교육을 허용하지 않았다. 이때 만들어진 사학법은 조선의 교육을 오히려 후퇴시켰다. 그리고 민족사학이라고 자칭했던 이들은 친일이 아니면 살아남지 못하게 만들었다. 물론 그 모든 것은 사이토 마코토가 부임한 뒤 벌어진 일들이었고, 강우규의 의거가 일어난 뒤에 생긴 일들이었다.

　　그런 변화를 미리 예견한 강우규는 일본의 조선식민통치를 향해 직접 폭탄을 던지기로 했다. 1919년 6월, 강우규는 폭탄을 싼 천을 몸에 감은 채 원산에 도착했고, 두 달 뒤인 8월에는 목적지인 서울로 잠입했다. 신문 보도를 통해 신임 사이토 마코토 총독이 9월 2일에 부임한다는 사실을 알게 된 그는 신문에 난 사이토의 사진을 오려서 들고 다니면서 그의 얼굴을 익혔다. 그리고 매일 남대문역(지금의 서울역) 앞에서 주변을 살피며 거사를 준비했고, 결국 9월 2일에 나타난 사이토 총독의 마차를 향해 명주수건으로 곱게 감싼 폭탄을 던졌다.

1. 강우규 의사여, 늘 그곳에서 지켜봐주소서

폭탄은 굉음을 울리며 폭발했고 서울역 광장은 연기로 자욱했다. 하지만 불행하게도 폭탄의 파편들은 사이토 총독을 피해갔고, 곁에 있던 총독부 관리들과 취재기자들 30여 명에게 크고 작은 부상을 입혔을 뿐이었다. 강우규의 폭탄은 빗나갔고, 거사는 실패했다. 하지만 3.1운동의 충격이 채 가시지 않은 그 순간에 총독을 직접 겨냥해 날아든 폭탄은 전 세계에 조선 민중들의 독립의지를 강렬하게 드러내는 데 부족함이 없었다.

강우규는 구경꾼들 사이로 유유히 몸을 숨겼고, 무려 보름 동안이나 서울 시내를 활보하며 거사를 마무리할 다음 계획을 세우고 있었다. 하지만 9월 17일 결국 악명 높은 친일형사 김태석에게 체포되었고, 가혹한 고문을 받아야 했다.

당시의 광경 – 구경꾼 틈에 끼어 폭탄을 던지고 도망해

(전략) 폭발탄으로 총독을 겨누고 던지었으나, 총독이 무사하였음을 보고 낙심천만하여 그곳에서 도망을 하여 잠시 경성 시내에 잠복하려던 중 수염을 깎고 복식을 고치고 이름을 강영일이라고 가칭하고 이곳저곳을 교묘히 피하여 다니다가 드디어 지난 9월 17일 체포되어 본정 경찰서에서 취조 중이더니 이번에 검사국으로 넘어갔다더라.

– 〈매일신보〉 1919년 10월 8일자

이름 없는 역사

사이토 총독 폭탄 투척 사건으로 수감된
강우규 의사. 사진에 수감번호가 적혀 있다.
(출처: 국가보훈처)

김태석은 나중에 반민특위(1948~1949년) 재판정에서 이를
강하게 부인했다. 그는 자신의 악독한 친일 행각을 감추기 위해 강
우규 선생이 자수했다고 계속 주장했다. 친일경찰들은 한결 같았다.
그들에게는 나라도 없었고 민족도 없었다. 그저 자신들의 안위만이
중요했고 살아남기만을 갈구했다. 당시 재판을 기록한 내용에서 친
일경찰의 추악함을 엿볼 수 있다.

반민자대공판기

민족반역자 공판 제 2일인 29일! 역시 첫날에 못지않게 방청객
이 쇄도하였다. 이날의 방청객은 전날 방청객보다 좀 냉정한 표
정들이다. 이날의 주인공은 고문으로 유명한 김태석과 자칭 애국
자로 유명한 이종형이다. 특히 김태석은 경성역전에서 왜정 총독

1. 강우규 의사여, 늘 그곳에서 지켜봐주소서

재등실을 살해코자 투탄한 우리의 가장 애국투사 강우규 선생을 체포하여 사형케 한 악질적인 반민자임에 더욱 울분과 흥미를 자아내는 심판이었다. (중략)

재판장 : 서울역에서 폭탄사건이 발생할 때 피고는 참견하였다지?

피 고 : 네, 하였습니다.

재판장 : 그때 강우규 선생이 투탄한 사실을 좀 이야기하시오.

피 고 : 네, 역에서 사이토가 신문기자에게 사진 찍힐 때 폭탄을 던지는 것을 보았습니다.

재판장 : 강우규 선생을 피고가 체포하였지?

피 고 : 천만에 말씀이오! 강 선생은 9월 12일 종로서에 자수하여 왔습니다.

재판장 : 그때 피고는 강 선생을 수색하였다고 하는데?

피 고 : 피고는 그 사건에 전혀 관계치 않았습니다. 피고는 그때 당시 병이 나서 일주일 만에 변소에 겨우 갈 정도였습니다.

재판장 : 피고가 종로서에서 강 선생을 수색하였다고 하는데?

피 고 : 아닙니다.

(중략)

곽상훈 검찰관은 분연히 일어서면서 다음과 같이 말하였다.

"피고 김태석의 이제까지의 진술을 본다면 조선 사람 중에서 가장 애국자이며 독립운동자가 아닐 수 없게 되었으니, 이 사실은 피고 김태석의 정신감정을 하여 볼 필요성이 있다. 강우규 선생 사건만 하더라도 9월 2일 폭탄을 서울역에서 던지고 9월 17일 잡히었는데, 강 선생이 김태석에게 잡힌 것은 삼척동자도 다 알고 있는 사실이다. 그리고 또한 강 선생으로 말하면 민족을 위하여 분투하고 몸을 바치신 어른인데 자수하였다는 것은 말이 되지 않는다.”

- 〈연합신문〉 1949년 4월 3일자

하지만 김태석은 여전히 그런 사실이 없다고 강변했다. 강우규는 체포된 이후에도 자신보다 자신을 도와준 이들에 대한 걱정을 앞세웠다. 그는 2회 공판 이후 경성복심법원에 공소(항소)했는데, 그것 역시 자신을 구하기 위함이 아니라 자신을 도와준 동지들을 구하기 위해서였다.

강우규 공판은 금월 5일 개정

강우규는 경성지방법원에서 사형선고를 불복하고 경성복심법원에 공소하였는바, 오늘 5일에 개정한다더라.

- 〈동아일보〉 1920년 4월 1일자

1. 강우규 의사여, 늘 그곳에서 지켜봐주소서

강우규 공판 14일에 개정

폭탄 범인 강우규 이외 두 명이 공소한 공판은 금월 14일 오전에 개정, 피고 최자남이만 변호사 송본정실 씨가 변호하게 되었다더라.

- 〈동아일보〉 1920년 4월 9일자

강우규는 의거를 실행했을 때부터 이미 생사에 대한 고민은 초탈한 듯한 모습을 보였다. 형사의 가혹한 고문을 받을 때도, 검사의 심문을 받을 때도 강우규는 의연했다. 다음은 일본 아사히신문이 공개한 기록이다.

강우규 의사 취조받으면서도 독립 연설… 수사 담당했던 일본 경찰 밝혀

3.1운동 직후 사이토 일본 총독에게 폭탄을 던졌던 강우규 의사는 일본 경찰의 취조를 받으면서도 당당하게 '독립연설'을 했던 것으로 확인됐다. 아사히신문이 8일 공개한 조선총독부 관리들 증언록 속에 강 의사를 직접 취조했던 당시 경기도 경찰부장 지바 료는 '당시 경찰은 명예를 걸고 사건을 수사했다'면서도 '그가 밉다는 감정은 조금도 들지 않았다. 그는 역시 우국지사였다.'고 증언했다. 증언에 따르면 사건 15일 뒤 연행돼 온 강 의사는 취조실 의자에서 벌떡 일어나 탁자를 두드리며 독립연설을 시작했다. 연설 중 숨이 찼던 강 의사는 '물을 줄 수 없느냐'고 해서 받아 마

이름 없는 역사

신 뒤, 다시 탁자를 두드리며 약 1시간 동안 연설을 계속했다. '공범자가 있는가'라는 지바 부장 질문에 강 의사는 '이처럼 큰일을 결행하는 데 누구와 상담할 수 있겠나'라며 반문했다고 한다.

-〈아사히신문〉 기사를 〈조선일보〉 2000년 8월 9일자에서 재인용

강우규의 기개는 일본인들도 감동시켰다. 남은 생이 얼마이든 인간이라면 유한한 삶에 대한 집착이 더한 것이 당연한 일이다. 그러나 강우규는 달랐다. 오직 남은 생은 조국의 완전한 자주독립에 바치겠다는 의지가 삶에 대한 집착, 혹은 유한함에 대한 공포, 체포와 심문에서 느껴지는 육체의 고통마저 이겨내게 했다.

재판 과정에서도 강우규는 일본인들에게 절대 굽힘이 없었다. 재판장에게 일갈을 던져 오히려 재판장이 존대를 하게 만들기도 하고 사건 정황을 설명함에 있어서도 굽힘없이 이야기하여 방청을 온 많은 이들의 감탄을 자아내기도 했다. 강우규의 의거는 조선인들뿐 아니라 당시 조선의 식민지화에 반대하여 한국인들을 돕고 있던 외국인 지식인들의 뜨거운 관심을 받았고, 그들 역시 재판 과정을 방청하고 있었다.

강우규는 개인에 대한 테러를 가한 것이 아니었다. 국가를 대신하여 조선을 지배하러 온 일본 총독, 더 나아가서는 일본 제국주의에 대한 민족운동을 실행한 것이었다. 강우규는 사형을 구형받을 때에도 당당했다.

1. 강우규 의사여, 늘 그곳에서 지켜봐주소서

과장과 억지의 범행사실을 거론하는 검사의 논고를 시종 눈을 감고 듣고 있던 조부님은 '사형을 구형한다'는 마지막 말이 떨어지자, 눈을 번쩍 뜨고 '고얀 놈들!'이라고 고함을 치며 옆에 있던 의자를 검사에게 집어던졌다. 검사는 겁에 질려 뒷문으로 빠져 달아났다. 마차를 타고 재판소에서 구치소로 돌아가며 조부님은 따라 나온 방청객들을 향해 '조선 독립 만세'를 불렀다. 방청객들도 이에 따라 몇 사람 만세를 부르는 사람이 있었지만, 그 기세는 겁먹은 작은 소리였다. 그때는 우리 겨레의 기상이 일제의 탄압으로 위축되었던 때였기 때문이다.

- 강우규의 손녀 강영재의 증언 중 일부

═══ 영원한 삶을 택하다

아들은 아버지를 이대로 형장으로 보낼 수 없는 노릇이었다. 아버지의 뜻에 따라 대부분의 재산은 이미 교육사업에 기부한 상태였다. 가산이 바닥났다고 해서 변호사를 구하지 않는 것은 불효였다. 그래서 아버지를 설득하려 했지만 강우규는 단호하게 거절했다. 강우규는 이미 죽음을 각오하고 있었던 것이다. 자신의 죽음이 이 나라 청년들에게 아주 작은 파도가 된다면 그것으로도 만족할 생각이었다. 주변에서 바라보고 있던 가족들에게는 비극이었다. 아버지가

이름 없는 역사

강우규 의사의 사형 판결을 보도한
1920년 4월 27일자 동아일보 기사

죽을 수밖에 없음을 지켜보는 아들은 무거운 마음뿐이었다.

친자간의 천정··· 죽음의 칼날을 밟고 선 어버이, 원한의 핏덩이가 끓는 아들

사형 선고가 되니까 내가 낙심할까 보아 일부러 웃으시며, "생사를 두려워하는 것은 하등배이니라. 너, 조금도 애비 죽는다고 어찌 알지 말고, 아무쪼록 잘 살아가거라" 하시면서 울지도 못하게 하시옵니다. "내가 죽더라도 육체의 애비가 죽는 것이니까, 영혼의 애비는 영원히 살아있을 것이다"하시면서 아무렇지도 않으십디다.

- 〈동아일보〉 1920년 5월 4일자

아버지가 떠나는 모습을 지켜보면서 아무렇지도 않을 자식이 어디 있겠는가. 민족을 위해, 조국을 위해 큰 싸움의 길을 떠나실 때도 그리하였고, 이제는 먼저 육신의 탈을 벗고 뜻으로 남겠다고 하시는 말씀 속에서 아들은 아버지의 신념을 이해하면서도 한없는

1. 강우규 의사여, 늘 그곳에서 지켜봐주소서

죄스러움에 얼굴을 바라볼 수 없었다. 강우규는 자신이 먼저 떠나고 남은 가족들에게도 마지막까지 담담하게 사랑을 표현한 것이다.

1920년 11월 29일 서대문 형무소에서 강우규는 담담하게 사형대에 올랐다. 그리고 그의 시신은 오후 2시에 아들 강중건에게 인도되었고 바로 서대문 밖 공동묘지에 매장되었다. 강우규는 사형을 선고받은 후 감상을 묻는 일제 검사에게 다음과 같은 시를 남겼다.

단두대 위에는 봄바람만 불어올 뿐(斷頭臺上 猶在春風)
이 몸은 나라 없는 자이니 무슨 생각이 있겠는가(有身無國 豈無感想)
- 《서대문형무소 근현대사》(김삼웅 지음)에서 재인용

강우규는 영원한 삶을 선택했다. 이미 청년의 길을 지나 노인의 길에서 남은 삶에 대한 집착과 죽음에 대한 두려움에 사로잡혀 사는 것이 아니라 남아있는 삶 역시 가야 할 길이 있다는 것을 보여주었다. 강우규의 폭탄 투척 당시 사이토 마코토는 부상을 입지 않았다. 오히려 다른 일본인들이 부상을 입어서 '목적을 달성하지 못한 실패한 의거'라는 이야기를 하는 이도 있다. 그러나 일제의 총독에게 식민지의 국민으로서 옳다고 생각한 일을 실행하는 그 자체, 그리고 그 과정에서 보여준 민족주의와 세계평화관, 체포 이후 고문과 가혹한 심문을 거치면서도 자신이 행한 일에 대해 굽히지 않은 자긍심과 당위성…. 강우규가 보여준 이 모든 언행들은 "나의 투쟁으로

이름 없는 역사

조선 청년들의 마음에 작은 파도라도 일어나길 바란다"는 그의 뜻과 한 치의 어긋남도 없다. 소중한 가치가 있는 일에 뛰어들었고 일말의 흔들림도 없었다.

강우규의 투쟁은 우리에게 언제나 파도로 다가온다. 지금도 서울역에 폭탄을 들고 서 있는 강우규 의사의 동상은 '언제나 옳다고 생각하는 길을 가자'라는 큰 울림을 전한다. 강우규 의사는 격랑의 시대에 길을 알려주는 나침반이요, 큰 파도를 넘는 돛처럼 우리를 지켜줄 것이다.

2

대한제국의
마지막 무관,
김혁 장군

대한제국의 마지막 무관, 김혁

1907년 대한제국의 군대가 해산했다. 자의가 아니라 일제에 의한 강제 해산이었다. 육군무관학교 출신의 김혁(1875~1939년, 본명 김학소)정위는 나라와 군대를 잃은 분노를 이길 수 없었다. 그는 모든 것을 버리고 고향 용인으로 내려와 항일투쟁을 준비한다. 하지만 그가 고향에 내려간 지 얼마 후 대한제국은 경술국치(1910년 강제로 체결된 한일병합)를 당하게 되고 일제의 식민지가 되었다. 그러자 김혁은 힘이 없음을 탓하지 말고 최선을 다해 싸우겠다는 마음을 다진 채 대종교에 귀의한다.

김혁은 1919년 3.1운동이 일어나자 고향인 용인에서 만세운동을 주도하다가 일경의 추적을 피해 자신의 모든 흔적을 직접 불태우고 만주로 떠났다. 여느 독립운동가들이 그랬듯이 빼앗긴 조국의 땅을 잠시 떠나서 다시 광복이 오기를 기다리며 대륙을 바람처럼 헤매기 시작했다.

═══ 만주로 떠나다

김혁. 1875년 경기도 용인 출생. 본관은 경주. 그는 어린 시절부터 향리에서 한문을 배우고 지역의 유학자에게 한학을 배우기도 했다. 이후 1898년 대한제국 육군무관학교에서 군사교육을 받고 1회 졸업생으로 대한제국의 장교로 임용되었다. 당시 무관학교 교육 과정은 군사학 외에도 불어, 영어, 중국어, 러시아어, 일본어 등 어학의 비중이 높았다. 무관학교의 군사교범이 외국어로 되어 있었고 대한제국의 군 편제가 주변 강대국들의 영향을 받았기 때문이다. 이것은 이후 김혁의 독립운동에 큰 영향을 미치게 되는데, 외국어를 익힌 데다 국제 정세에 대한 이해가 생기니 북만주를 근거지로 하는 넓은 지역에서의 항일투쟁에 도움이 되었을 것이다.

육군 무관학교 졸업식 당시 고종 황제가 대원수의 자격으로 참석하여 직접 졸업생들에게 졸업장을 수여했다. 그리고 1907년 군대가 해산되기 전까지 김혁은 '친위 제1연대 제1대대' 소속의 대한

2. 대한제국의 마지막 무관, 김혁 장군

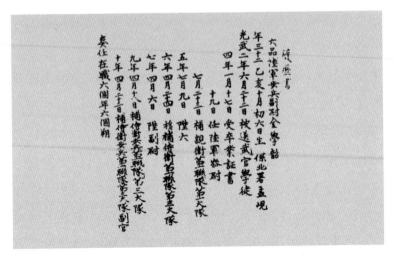

대한제국군 이력서 (출처: 《항일 무장 독립운동가 김혁》 중에서)

제국 무관이었다. 1910년 조국이 일제의 식민지가 되자 모든 것을 버리고 돌아올 기약 없는 중국 땅으로 떠난 것이다. 당시 김혁이 만주행을 결심한 결정적 계기는 스승으로 섬겼던 맹보순의 일가친척이 만주에서 터를 잡고 있었기 때문이다. 1914년 안동현으로 건너간 김혁은 만주에서의 실천적인 독립운동을 고민하고 있었다.

그러던 차에 한반도에서 들불처럼 일어난 1919년 만세운동 소식이 만주까지 들려온다. 그는 잠시 고향으로 내려온다. 옆 동네 기흥에 기거하던 김구식이 김혁을 찾아온다. 일제에 항거하여 징역을 받았던 김구식은 김혁에게 독립선언서를 낭독해줄 것을 요청한다. 당시 일경은 주민들에게 총을 난사하면서 탄압하고 있었다. 3월

이름 없는 역사

30일 주민 300여 명이 모인 곳에서 김혁은 독립선언문 낭독 후 만세 삼창을 외쳤다. 일경은 김혁을 쫓기 시작했다.

　　김혁은 다시 만주로 떠나갔다. 서간도 유하현으로 향했는데, 그곳은 대종교가 조직한 단체들이 활동하고 있는 지역이었다. 단체의 이름은 흥업단이었다. 흥업단은 대륙에서 조국을 잃고 헤매던 동포들이 자치 조직을 만들고 자력갱생의 질서를 만들어가고 있었다. 당시 중국에서 많은 동포들이 중국인의 지배 아래 들어가거나 질서 없이 혼란의 시대를 살고 있었지만 자치 조직을 만들어 질서 있는 집단생활을 하는 곳도 있었다. 흥업단은 그 뿌리를 대종교에 두고 있었으나 가장 중요한 덕목으로 '낮에는 밭을 갈고 밤에는 군사훈련을 행한다'라는 강령에 따라 군인과 농민의 구분 없이 자치생활을 안정적으로 운영하고 있었다. 김혁은 이곳에서 부단장으로 활동하면서 여러 길을 모색했다.

　　흥업단 역시 그 시절 대륙에서 활동하던 수많은 독립군 자치단체들이 겪었던 고초를 피할 수 없었다. 수많은 세작들이 드나들며 조직활동을 위협했고, 일경과 결탁한(혹은 사주당한) 중국 군인들의 습격을 받기도 했다. 그 와중에도 김혁을 비롯한 지도부의 교섭력을 통해 해당지역에서의 갈등을 원만하게 해결해나갔다.

　　흥업단은 무장독립군들 가운데 '북로군정서(3·1운동 이후 만주에서 조직된 무장독립운동 단체로 청산리에서 일본군과 교전하여 큰 성과를 거둔다)'와 많은 교류가 있었다. 북로군정서에서 파견한 군인들

　　　　　　　2. 대한제국의 마지막 무관, 김혁 장군

과 교관, 참모들의 군사 지도를 통해 흥업단의 자치능력을 배가시켰다. 북로군정서는 추가로 병력을 모집하여 세를 확장하고 있었고, 대한제국에서 군인교육을 받은 김혁은 자신의 능력을 전수할 수 있는 북로군정서에서 활동을 이어간다.

1920년 10월 독립군 대첩 중 가장 큰 업적으로 꼽히는 청산리 전투가 벌어졌다. 김혁이 참전했던 공식 사료는 남아 있지 않다. 그러나 청산리 전투에 참전했던 부대가 김혁이 있던 북로군정서 부대였기 때문에 전투에 참전했을 것으로 추정된다. 대승을 거둔 독립군은 일본군의 압박을 피해 러시아 연해주로 이동한다. 북로군정서는 대한독립군, 대한신민회, 도독부 등 10여 개 무장독립군 조직과 연계하여 대한독립군단(大韓獨立軍團)을 만들었으나 소련에 의해 무장해제 당하고 더 이상 무장 독립 투쟁을 펼치지 못한다.

이 당시 연해주 자유시에서는 '자유시 참변'이 일어난다. 조국의 독립을 위해 힘을 합쳐도 모자랄 판에 단지 노선과 이념이 조금 다르다는 이유로 혹은 부대 지휘권을 누가 갖느냐를 놓고 갈등하다 일어난 비극이다. 사료가 부족해 피해규모가 정확하지 않으나 무장독립군 수백 여 명이 죽거나 행방불명되었다.

신민부를
창설하다

김혁은 남아 있는 독립군을 수습하여 다시 북만주로 돌아와 분열된 독립군의 통합을 위해 백방으로 노력한다. 당시 북만주 이외에도 상해에서 활동 중인 단체들이 많이 있었는데, 상해의 단체들과 만주지역의 단체들을 통합하여 힘을 모으는 일에도 참여했으나 임시정부와의 관계를 고민하던 단체들 간의 분열로 인해 대통합은 실패로 돌아간다. 당시 임시정부를 지지하던 김혁은 뜻에 동참하지 않는 여타의 단체들과 큰 이견이 있었을 것이다.

김혁은 먼저 북만주 일대의 독립운동 단체들의 대통합을 고민했고, 북만주 16지역의 단체와 10개의 국내 단체가 모인 통합 회의를 준비하고 진행했다. 그 결과 1925년 목릉현에서 북만주 세력 통합을 위한 '부여통일회의'가 개최되었다. 이를 통해 동만주와 하얼빈 연변으로 이어지는 통합 단위가 만들어졌고, 이 과정에서 김혁은 대한군정서 대표 1인의 자격으로 참여한다. 이렇게 만들어진 북만주 지역의 통합 독립운동 단체가 '신민부'이다.

1925년 개최된 '부여통일회의'의 창립회의에서 신민부의 총회를 거친 설립문(결의문)이 나오게 된다. 그 내용을 살펴보면 다음과 같다.

2. 대한제국의 마지막 무관, 김혁 장군

1. 기관명칭 : 기관의 명칭은 신민부라 한다.

2. 제도 : 제도는 위원제로서 중앙/지방/구로 정한다.

3. 사업의 방침인사 : 필요에 의하여 기성의 자치 기관은 서로 협조하여 진행시킬 것. 일체의 폐속(弊俗)을 교정하고 각 지방에 경사기관(警査機關)을 설치할 것. 외교 : 대외관계는 가능한 한 신중하고 원만히 해결할 것

4. 군사 : 의무제를 실시할 것. 둔전제(屯田制) 혹은 기타의 방법에 의하여 군사교육을 실시할 것. 사관학교를 설치하여 간부를 양성할 것. 군사서적을 편찬할 것.

5. 재정 : 재정은 의무금 및 모연금으로써 충용(充用)할 것. 의무금은 토지에 대하여 수전(水田)은 소향(小珦) 이원(二元), 대향(大珦) 3원(三元)으로 하고, 밭은 소향 1원, 대향 2원오각(二元五角)으로 하며, 상가(商家)에 대해서는 소유 재산의 20분의 1을 징수하나 단 대양(大洋)으로 함. 본 기관 하에 조직된 지방은 일체의 모연금을 폐지할 것.

6. 실업 토지의 매매와 조압(租押)은 기관의 지도하에서 행하기로 할 것. 각인(各人)은 노동력작(勞動力作)을 권할 것. 공농제(公農制)를 실시하여 공동 농지를 경영할 것. 식산조합(殖産組合)을 둘 것.부업을 장려할 것. 필요한 지방에는 소비조합을 실시할 것.

7. 교육 : 소학교 졸업 연한은 6년. 중학교 졸업 연한은 4년으로 할 것. 단 100호 이상의 촌에는 1개의 소학교를 둘 것. 필요에

이름 없는 역사

의하여 기관에서 중학교 또는 사범학교를 설치할 것.

8. 헌장 : 헌장은 기초위원회(起草委員會)에 위임하여 창립총회로 부터 1주일 이내에 완성하고 이를 중앙집행위원회에 제출할 것.

9. 경상비 : 금년도의 경상비 (음력3월부터 10월까지)는 현대양(現 大洋) 3천원으로 결정함.

10. 연호(年號) : 연호는 민국연호(民國年號)를 사용한다.

11. 기타사항 : 본 기관의 총회는 매년 3월 15일까지로 정한다.

12. 인선 : 중앙집행위원회 . 참의원(參議院). 검사원(檢査院).

－《한국독립운동사》(한국일보사 발간)에서 재인용

부여통일회의 창립총회에서 선출된 임원의 명단은 다음과 같다. 중앙집행위원회 위원장 김혁, 위원에는 조성환, 김좌진, 박성전, 최호, 정신, 이영백, 최정호, 허빈, 휴현. 그리고 보안대 총지도관은 박두희였다. 이외에도 원로들로 구성된 참의원이 있었으며 별도로 검사원을 두었다. 자치국의 자격에 걸맞은 삼권분립이 조성된 것이다.

신민부는 이외에도 항일 무장전에 대비할 무장독립군의 편성에도 박차를 가했다. 무장대 500여 명은 별동대와 보안대로 나누어 편성했고, 당시 사용한 무기는 모젤, 프로닝 권총과 소총 등이었다. 이 부대의 통솔은 군사부위원장 김좌진이 맡았다.

김혁은 조국을 떠나올 때의 다짐을 잊지 않고 있었다. "무력투쟁을 통해 일본 제국주의자들을 무찌르고 우리 민족의 독립을 되

2. 대한제국의 마지막 무관, 김혁 장군

찾겠다." 김혁의 목표는 무력투쟁을 통한 조국광복의 달성이었다.

신민부는 무장독립군의 병력을 확충하기 위해 목릉현에 성동사관학교를 설립하였다. 무관 출신인 김혁 역시 성동사관학교에 대한 지대한 관심과 애정을 가지고 있었다. 교장은 김혁, 부교장은 김좌진이 맡아 매년 2회 졸업생을 배출하여 약 500여 명의 성동사관학교 출신 독립군을 양성하였는데, 이들은 신민부의 중요한 자산으로 활동을 이어가게 된다.

신민부의 무장 독립군의 업적 중 가장 돋보이는 것은 일제에 부역하고 민족을 배신한 민족반역자와 독립군의 존립에 심각한 해를 끼치던 세작들에 대한 응징이었다. 그중에서도 눈에 띄는 성과는 민족운동가들의 목숨을 위협하고 한인들을 끊임없이 배신하던 조선인민회(朝鮮人民會)의 처단이었다. 1924년 9월에 친일파로 악명을 떨치던 조선인민회 회장 배두산을 체포하여 죄상을 낱낱이 비춰주고 사형선고를 통해 단죄했고, 한인사회를 위협하던 조선인을 추적하여 더 큰 피해를 막았다. 또한 군자금 모집에도 적극적이었는데, 위장을 통해 국내로 잠입하여 많은 성과를 거두었다.

신민부는 군, 경제, 교육 등 많은 분야에서 자치단위의 성과를 올렸다. 그러나 대내외적으로 수많은 사건이 발생하면서 조직은 큰 시련을 맞게 된다. 일경과 중국 군대의 습격, 그리고 밀정의 간계, 내부적으로 분열을 책동하는 공산계의 침투가 끊이지 않았다. 1926년에는 연대장 황일초와 대원들이 일경에게 체포되어 연대장

이름 없는 역사

新民府中央委員長
金爀外八人檢擧
哈爾賓에潛入해重大計劃中
日領舘警官隊突然襲擊으로
秘密書類도多數押收

김혁 선생의 체포 사실을 알리는 동아일보 1928년 1월 28일자 기사와 체포 직후 동아일보 1928년 3월 22일자에 실린 김혁 선생의 사진

은 사형을 당하고 나머지 대원들도 오랜 세월 복역하게 된다. 또한 1927년에는 신민부 동부에 일경과 중국 군대가 급습하여 중앙집행위원장이었던 김혁을 체포하여 압송한다. 이때 대부분의 간부가 함께 체포되어 압송되었고 당시 외출중이었던 김좌진은 일경의 체포를 피할 수 있었다.

　　이후 신민부는 김좌진을 중심으로 조직을 재편하고 역량을 강화하려 한다. 많은 희생이 따른 후라 재정비가 쉽지는 않았다. 그러나 공고히 체제를 재편한 신민부는 대한민국의 독립운동사에서 민족의 주체성과 체제 자립의 가능성을 보여준 사례로 평가받기에 충분하다.

2. 대한제국의 마지막 무관, 김혁 장군

기나긴
투옥 생활

1929년 6월 신의주 지방법원에서 김혁은 10년형을 판결 받았다. 이후 신의주 형무소에서 길고 긴 옥고 생활을 시작한다. 신의주 형무소에 수감되자 어려운 환경을 감내하면서 만주에서 근근이 버텨오던 가족 모두 신의주로 이사해야 했다. 김혁은 만주로 가기 전 가족들에게 말했다. "조선에서 버틸 수 있을 만큼 버티고 정 못 버티겠다면 나를 찾아오시오." 먼저 떠난 가장을 찾아 가족들은 만주로 향했으나 만주에서도 무장투쟁중이었던 김혁을 만날 수는 없는 노릇이었다. 마침내 가족이 만나게 된 곳이 신의주 형무소였던 것이다. 물론 가족들 역시 처음에 만주로 망명할 때 용인에 있던 그 많은 재산을 손에 들고 오지 못했다.

김혁의 아내는 큰 충격으로 일체의 일을 못했다. 옥바라지 역시 김혁 아들의 몫이었다. 아들은 아버지의 옥바라지를 위해 신의주 형무소 근처에서 남는 땅에 농사를 지으면서 독립군에게 식량도 공급하고 자식들도 키워야 했다. 낮에는 어린 자식들을 토굴에 넣어 놓고 농사를 짓고 저녁이 되어서야 돌아가 아이들을 돌볼 수 있었다. 그러면서도 근근이 아버지의 옥바라지를 했다.

일제는 김혁을 회유했다. 그러나 김혁은 일제의 회유에 꿈쩍도 하지 않았다. 일제는 회유와 고문을 반복했다. 김혁은 평양 형무

이름 없는 역사

소를 거쳐 서대문 형무소(1908년에 경성감옥이라는 이름으로 만들어졌다)로 이감된다. 서대문 형무소가 어떤 곳인가. 서대문 형무소는 일제에 굴종하지 않은 수많은 투사들의 피가 섞인 벽돌로 쌓아올린 곳이 아니던가. 핏빛 벽돌로 쌓아올린 통곡의 담벼락은 아직도 그 자리에 그대로이다.

서대문 형무소는 일제에 저항하던 독립운동가들에게 공포의 공간이었다. 일제에 의해 만들어진 최초의 현대식 감옥인 서대문 형무소는 일제의 조선식민지화 야욕이 시작되던 시대에 일제에 저항하는 의병, 독립운동가, 또는 곡학아세하지 않던 학자들까지 잔인하게 고문하고 가두던 곳이다. "한번 들어가면 귀신이 되어 나오거나 병신이 되어 나와야 한다"는 이야기가 떠돌곤 했다.

서대문 형무소에 수감된 이들은 일경의 모진 고문과 함께 살을 에는 추위와 찌는 듯한 더위를 견뎌야만 했다. 재산을 모두 털어 독립운동을 하던 독립운동가들이 어찌 수인복 안에 차입해서 솜옷을 입을 여유가 있었겠는가. 그러나 추위보다 더 무서운 것이 있었으니 그것은 바로 끼니를 때우는 일이었다. 식량배급에 대한 원칙(배급표)이 있긴 했지만 그것이 지켜질리 만무했다. 김혁이 이감되어 옥살이를 해야 했던 그 시절, 일본은 중일전쟁을 수행해야 했기 때문에 전선으로 보낼 보급식량도 충분치 않았다. 서대문 형무소에서는 곡기가 부족한 나머지 치료가 가능한 질병임에도 불구하고 영양부족으로 인해 옥사를 하는 경우도 발생했다.

2. 대한제국의 마지막 무관, 김혁 장군

감방은 어둡고 더러웠다. 몸 하나 눕히기 어려운 곳에 위생까지 엉망이었다. 환기가 되지 않는 여름의 옥살이, 숨을 쉬다가 폐가 얼어붙을 것 같은 겨울의 옥살이, 일본의 회유와 억압, 고문 등으로 지쳐 있던 투옥자들은 이름 모를 병에 시달려야 했다. 독립운동을 하다가 들어온 '사상범'들은 단순노역에서도 배제된 채 좁은 독방에서 눕지도 못하고 고통만 호소하다가 다시 고문을 당하는 일이 반복되었다.

김혁은 9년의 긴 투옥 생활 끝에 병세가 심해져 가출옥이 결정되었다. 이미 모든 것이 망가진 다음이라 몸이 자유로워진다 한들 할 수 있는 일이 없었다. 고향을 떠나서 만주를 돌며 조국광복을 위해 싸워왔던 김혁은 해방되지 못한 조국의 붉은 벽돌 안에서 갇혀 지내다가 모든 건강을 잃고 출소했다.

═══ 역사의 뒤안길에 남은 가족

김혁에게는 더 이상 버틸 힘이 없었다. 그는 고향 용인으로 내려간다. 김혁이 서대문 형무소에서 만기 복역 후 출소하지 않은 것은 만일 김혁이 옥사했을 때 일제가 가져야 할 부담감을 덜기 위한 꼼수는 아니었을까. 독립운동을 하던 수감자가 옥에서 사망하고 그 사실이 밖으로 알려졌을 때 민중들이 동요할 수 있었기 때문이

이름 없는 역사

다. 그런 빌미를 굳이 만들지 않으려는 계산이었을 것이다. 김혁 이외에도 많은 독립운동가 혹은 사회운동가들이 혹독한 고문 끝에 건강을 모두 잃고 병 보석 또는 일반 보석으로 출소하곤 했다. 이는 결코 일제가 수감자를 배려한 행위가 아니었다. 김혁이 용인으로 내려갈 때 아들만 겨우 따라 갈 수 있었다. 일제의 감시도 있었지만 용인에 내려가는 것 자체가 경제적으로 너무 버거운 일이었다.

　　당시 손자 김진형은 태어나지는 않았지만 나중에 전해들은 이야기로 기억하고 있었다. 김진형의 어머니, 즉 김혁의 며느리는 아들 넷과 딸 둘을 데리고 신의주에 그대로 남아 있었다. 김혁의 장례를 마치고 그의 아들은 다시 신의주로 올라왔다. 여전히 집도 없고 토굴에서 살면서 남의 땅에서 농사지으면서 근근이 살아가고 있었다. 김진형은 전해들은 이야기를 그렇게 풀어놓았다. 당시에는 아직 한반도에 38선이 그어지기 전이라서 남북 간의 이동이 어느 정도는 가능했다고 한다.

　　신의주에서 살던 김혁의 아들과 그 가족들은 1950년 6.25전쟁이 터지고 그해 겨울 1.4후퇴 때 흥남에서 출발하여 남한으로 철수하는 피난민의 행렬에 오른다. 그 과정에서 김혁의 아들은 자신의 두 딸을 총격에 잃고 만다. 두 명의 자식을 총탄에 잃고 나머지 자식들도 두 명은 중국으로 두 명은 서울로 보내는 어려운 선택을 해야 했다. 중국 길림성에 아는 집안사람이 자리를 잡았는데, 자식 모두를 건사할 수 없어 두 아이만 맡겨놓은 것이었다. 이후 남과 북이 냉전

체제 속에서 왕래가 불가능한 상황이 되기 전에 김혁의 아들은 자신의 아이들을 찾으러 어렵게 돌고 돌아 중국에 도착, 아이들을 데리고 한국으로 들어온다.

김혁의 아들은 한탄했다. 대한제국의 무관이었고 용인의 유지였던 아버지는 고된 옥살이로 숨을 거두고, 자식들은 당당하던 집안의 권세를 누려보기는커녕 가난에 짓눌리며 곤궁한 삶을 계속 이어가야만 했다. 딸린 식솔들을 위해 김혁의 아들은 만주에서 유일하게 배운 기술인 운전기술을 가지고 전매청에 취업한다.

김혁의 아들 역시 곤궁한 삶을 버티다가 60여 년의 생을 마감했다. 김혁의 손자인 김진형의 기억은 날짜와 공간이 아주 정확하지는 않았지만 당시 자신의 어머니가 얼마나 어렵게 살아오셨는지에 대해 선명하게 기억하고 있었다.

"어머니께서 행상부터 식당일까지 안 하신 게 없었어요. 그래야 겨우 입에 풀칠을 할 수 있었으니까요. 학교요? 학교 다닐 생각은 꿈도 못 꾸었지요. 나는 국민학교만 겨우 마치고 상급학교 진학은 못했어요. 나중에 검정고시로 겨우 고등학교를 졸업한 자격을 갖게 되었지요. 그때 2년 정도 있다가 군대를 갔어요."

김진형의 이야기는 그저 어느 집에나 있는 이야기처럼 들릴 수도 있었다. 그러나 개인의 사소한 역사는 다시 커다란 실타래에 엮여서 씨줄 또는 날줄이 되어 현대사로 돌아왔다.

"1966년에 군대를 갔다가 그저 그냥 제대하는 줄 알았어요.

이름 없는 역사

허허, 그런데 북에서 김신조를 비롯한 공작원들이 내려왔지 뭡니까. 그냥 저냥 입이라도 줄여보려고 입대했는데 김신조 덕분에 36개월 아주 힘들게 다 채우고 나왔습니다."

김혁의 손자 김진형은 그 뒤로 잠시 말을 아꼈다. "저에게 할아버지 삶을 이야기하라고 하시면 줄줄 외워서 하겠는데… 막상 돌아보니 저는 더 이상 말할 내용이 없네요."

김진형은 군대 제대 후 1년을 쉬면서 일자리를 알아보다가 처음으로 직장에 들어갔다. 당시 ㈜미원이라는 회사가 대전 이북의 조미료 회사를 인수하고 방학동에 공장을 열었다. 김진형은 ㈜서울미원에 취업해서 공장 생산직으로 근무했다. "미원 만드는 공장… 덥습니다. 뜨겁지요. 그곳에서 저는 묵묵히 평생 일을 하다가 55세에 정년퇴직을 했지요. 허허, 딱히 자랑할 것이 없는 부끄러운 인생이네요."

김진형은 그러나 할아버지에 대한 자부심과 긍지는 늘 한결같았다고 한다. "어머니가 했던 말이 기억나네요. 할아버지께서 독립운동을 안 하셨다면 너도 공부를 넉넉하게 할 수 있었을 거다. 독립운동을 했더니 사는 것이 막막해지고 하늘이 깜깜하구나."

김진형은 자신의 할아버지가 해왔던 일들을 한마디로 정의했다. "내가 공부를 못하고 돈이 없어도 자랑스러운 할아버지가 계십니다. 한 집안의 가장이 훌륭한 일을 할 때 얼마나 자랑스럽습니까. 비록 할아버지 사진은 한 장밖에 없지만 할아버지가 나오시는 유튜브 영상을 볼 때 늘 뿌듯합니다. 자랑스럽습니다."

김혁이라는 인물은 혼돈의 시대에 늘 경계에 서서 세상을 이끌어 나갔다. 모나지 않게 남들처럼 편히 살 수 있었지만 시대가 부르는 소리를 거부하지 않고 그 소리를 따라 민족의 나침반이 되기 위해 애썼다.

김혁의 이야기는 여기까지다. 더 이상 남아 있는 이야기도 없다. 김혁의 초상화 한 장이 남아 있을 뿐이다. 다행히 연변대학에서 김혁의 행보를 찾을 수 있었지만 객관적으로 검증받을 수 있을지는 의문이었다. 김혁이 걸었던 만주의 흔적을 찾을 방법이 없었다. 그러나 대한민국에 없는 자료가 일본에는 있었다.

일본은 당시 국내에서 독립운동 혹은 사회운동을 하다 체포 수감되었던 이들의 자료를 가지고 있었는데, 검거내용, 수사기록, 재판기록 등을 찾을 수 있었다. 김혁의 체포 당시 상황을 보도한 신문 기사도 찾아냈다. 이 모든 것들을 국가에서 할 수는 없겠지만 독립운동사에서 기술되지 못하고 사라져간 수많은 독립군의 이야기를 찾는 것이 오롯이 후손의 몫이 되어간다는 것은 안타까운 일이다. 청산리 전투에 참여했고 신민부를 이끌었으며 성동사관학교를 세워 독립군의 자치와 항일투쟁의 기틀을 마련한 김혁. 커다란 사건에 연루되지 않았고 공적을 증명하는 사료가 부족하다는 이유 때문이었을까. 북만주 항일투쟁의 최고 지도자였던 김혁은 1962년에서야 건국훈장 독립장을 추서받았다. 현재 건국훈장은 대한민국장, 대통령

이름 없는 역사

장, 독립장, 애국장, 애족장의 5등급으로 이루어져 있다.

　　대한제국 육군무관학교 출신의 영원한 무관 김혁 장군. 그는 역사에 살고 시대에 복무한 대한제국의 마지막 무관이었다.

3

널리
살아있는 이름,
범재 김규흥

▬▬ 시간이 흐른 뒤
  달라지는 역사

　'역사란 무엇인가?' 역사는 남아 있는 사료를 바탕으로 과거
를 살펴보고 과거의 일로 오늘을 비춰보는 일이다. 과거는 역사의
이름으로 끊임없이 지금 우리에게 말을 걸어오고 있다. 누군가의 말
처럼 역사는 현재와 과거의 끊임없는 대화이다. 역사는 현재의 평가
와 해석을 바탕으로 얼마든지 달라질 수 있다.

　1897년부터 10여 년간 위태롭게 명맥을 이어오던 대한제국
은 1910년 8월 22일, 이완용과 데라우치 사이에 한일병합조약이 체
결됨으로써 강제로 일본 제국주의의 지배를 받게 된다. 그 이후 많
은 백성들이 이 땅에서 괴로움을 겪어야 했으며 어떤 이들은 새로

운 가능성을 찾아 조선을 떠나갔다. 한반도에서, 차가운 만주 땅에서, 혹은 이름모를 중국 땅에서 잃어버린 조국을 찾기 위해 울분을 토하며 싸웠다.

시간은 흘렀고 각각의 삶의 궤적은 복잡다단하게 그려져 왔다. 3.1운동이 일어났고, 임시정부가 만들어졌으며, 무력투쟁이 있었고, 독립군의 봉오동 전투와 청산리대첩 소식도 들려왔다. 수많은 이들의 싸움 속에서 그들을 이끌던 인물들의 이름이 지금까지 남아 우리에게 비곤한 역사, 고통과 인내의 시간을 들려준다.

우리는 위대한 순국선열들께 감사와 존경의 석비를 세우고 배움을 아끼지 않는다. 물론 그 안에서 우리가 알고 있는 것과 다름이 있어도 그것에 대해 이의를 제기치 않는다. 의심을 한다는 것은 국가가 추서한 공훈에 대한 의문이요, 업적을 기림에 있어 불경스러운 일이 될 수도 있기 때문이다. 그러나 나의 의문은 그곳에서부터 시작되었다.

이름이 남아 있는 모든 이들이 독립운동사에서, 혹은 대한민국사에서 존경을 받을 만한 인물들인가. 그 안에는 분명 역사적 판단이 충돌하는 지점에 남아 있는 이름들도 있다. 대한민국으로부터 훈장 또는 포장을 받았으나 친일의 역사가 겹쳐 보이는 인물들은 어떻게 바라봐야 할까. 무엇이 옳고 그른지에 대한 물음이 생겨났다. 다음은 주요 친일 인사들의 상훈 현황이다.(《범재 김규홍과 3.1혁명》 참고)

이름	주요 친일 행적	훈포장 및 표창
김활란	조선임전보국단 부인대 활동	대통령표창,문화포장,국민훈장 무궁화장
이종욱	조선불교회 비행기 헌납	건국훈장 국민장
권상로	국민총력연맹 참사	문화훈장
모윤숙	조선임전보국단 부인대 활동	국민훈장 모란장, 금관문화훈장
이상범	일제 국방헌금 마련 참여	문화훈장
유진오	대동아 문학자대회 조선대표	국민훈장 무궁화장
유치진	친일단체 현대극장 대표	국민훈장 모란장
백낙준	조선장로교 애국가 헌납기성회	국민훈장 무궁화장
홍진기	전주지법 판사	국민훈장 모란장,문화훈장 금관장
현제명	경성후생실내악단 이사장	국민훈장 모란장
민복기	경성지법 판사	국민훈장 무궁화장
김은호	친일 미술 활동	문화훈장 대통령장
박시춘	친일음악 다수 작곡	문화훈장 보관장
조진만	대구지법 부장판사	근정훈장 청조장
김성태	친일음악 다수 작곡	문화훈장 대통령장, 국민훈장 동백장, 홍조소성훈장
김인승	조선미술가협회 간부	문화포장, 국민훈장 동백장
김경승	조선미술가협회 간부	문화훈장
주요한	조선문인보국회 시부회장	국민훈장 무궁화장
황신덕	국민총력조선연맹 후생부 위원	문화훈장 대통령장
김성수	국민총력연맹 이사	건국공로훈장 복장
김연수	중추원 참의	국민훈장 무궁화장
이병도	조선사편수회 활동	국민훈장 무궁화장,금성충무무공훈장
김기창	대동아전쟁 찬미 작품 활동	국민훈장 모란장, 문화훈장 금관장
장지연	친일 문학 활동	건국공로 훈장 단장
윤치영	친일 연설 활동	건국포장

이름 없는 역사

우리가 익히 알고 있는 인물들이 보인다. 이화여대 설립자 김활란, 자발적이고 적극적인 친일 시인 모윤숙, 삼성가의 일원이자 언론인이기도 한 홍진기, 예술가이면서 친일활동을 한 현제명, 김기창, 시일야방성대곡의 장지연, 사학의 거두이기도 한 김성수…. 훈장을 받아 마땅한 인물들에 대해 시간이 지나서 역사적 평가를 다시해보니, 당시 이들의 행적 중에는 민족을 위한 것이 아닌 자신들의 안위를 위하고 일제에 부역한 활동도 포함되어 있으니 훈장과 충돌할 수밖에 없다. 후손들은 논란을 해소하기 위해 혹은 숨기기 위해 노력하고, 역사적으로 다시 평가를 해야 한다고 하는 이들은 이들의 포상에 대한 진실을 이야기하려 한다. 시대와의 불화가 낳은 오해인지, 평가의 상대성이 문제인지는 여전히 논란 중이다.

아버지 혹은 할아버지의 공적을 물어오는 후손들이 있다. 이들은 자신의 선조들도 독립운동사에 기여한 바가 있다고 주장한다. 몇 장의 사진, 혹은 몇 마디의 이야기, 또는 남겨진 기록들을 가지고 와서 당신들의 가족에 관한 이야기를 한다. 그러나 현실은 녹록치 않다. 보훈처나 광복회 혹은 그 외의 많은 단체들은 답을 할 수가 없다.

대한민국에서 독립운동가로 인정받기 위해서는 '일제 강점기 때 피체된 수사기록이나 해당 의거에 대한 수사기록과 공판기록, 언론에 남아 있는 자료, 또는 해당 부대의 참전기록 등'이 있어야 하는데, 이런 것들이 남아 있기는 쉽지 않기 때문이다. 3.1운동 당시 태극기를 만들던 어린 학생들과 인력거 뒤에 태극기를 싣고 다니면서 사람들에게 나누어주던 수많은 무명씨들은 과연 그 흔적을 어디서 찾을 수 있을까. 목포 박물관에 묘사된 만세운동 모형에서나 그 흔적을 찾을 수 있을까. 이름을 바라고, 혹은 훈장을 바라고 목숨을 걸면서 싸운 이는 없을 테지만 아쉽게도 우리의 기록은 충분치가 않다.

▀▀▀ 3.1운동
그리고 역사의 씨줄과 날줄

1919년 일어난 3.1운동은 우리 민족의 독립정신을 고취시키고, 우리의 근대 민족주의 운동의 시발점이 되었다. 이를 계기로 일본 제국주의는 무단통치를 끝내고 그보다 훨씬 교묘한 방식으로 문화통치를 실시한다. 무력과 강압만으로는 우리 민족을 효과적으로 지배하기 힘들다는 전략적인 판단이었다.

여기서 우리는 3.1운동을 전후로 독립운동의 전개 양상을 다각도로 살펴볼 필요가 있다. 3.1운동의 역사적 의미를 부정하는 것은 아니지만 3.1운동을 전후하여 일어난 독립운동의 흐름을 연계해서 판단해야만 역사적 실체에 접근할 수 있기 때문이다.

3.1운동은 과연 전국적인 운동이었는가? 아우내 장터에서 펼쳐진 대한독립 만세의 물결은 전국에서 동시 다발적으로 일어났는가? 3.1운동은 사전에 전국적 조직을 통해 모의가 이루어졌는가?

3.1운동 당시에는 전국적인 주도세력이 없었다. 3.1운동의

이름 없는 역사

유관순 열사가 전국적인 조직을 구성해서 동시 다발적으로 진행을 했다는 이야기는 설득력이 없다. 그러면 우리가 배워온 다른 역사적 사실은 어떠한가. 태화관에서 민족대표 33인이 낭독한 3.1 독립선언서가 3.1운동의 핵심 동력이었는지도 역시 미지수다. 물론 독립선언서는 역사적으로도 의미가 크다. 그러나 3.1운동 이후 식민 치하의 조선인들의 투쟁 방향, 동력이 이곳으로부터 촉발되었다고 단정할 수 없다. 당시 3.1운동이 일어날 즈음 비슷한 시기에 선언서를 통해 독립운동을 전개한 단체의 상황을 살펴볼 필요가 있다.

1919년 2월 1일 '무오독립선언서'라고 불리는 대한독립선언서가 중국 동북부 길림성에서 만주와 러시아 지역에서 활동하던 독립운동 지도자들에 의해 발표된다. 조소앙이 기초하고, 박은식, 김규식, 김동삼, 김약연, 김좌진, 김학만, 정재관, 조용은, 여준 등 39인의 민족운동가 명의로 작성 배포된 '무오독립선언서'는 '2.8 독립선언'(일본 유학생들의 명의로 발표)이나 위에 언급한 33인의 독립선언서보다 앞선다. 발표 당시 송부받은 것으로 추정되는 선언서에 따르면, 표기된 연기(年紀)가 '단기 4252년(1919년) 2월…'로 되어 있다. 음력 무오년 섣달 그믐은 양력으로 1919년 2월 2일이다. 이 선언서는 날짜에 맞추어 활동가들이 한자리에 모여서 선언을 하고 만세운동을 외친 형태가 아니라 독립운동가들을 널리 아우르는 연대의 의지와 앞으로의 활동을 상기시키는 연판과 계획서의 의미가 더 크다.

해외의 활동가들 역시 각각의 의지와 방향성을 일치하여 독

3. 널리 살아있는 이름, 범재 김규흥

립운동을 전개했다. 김규식이 대표로 파리강화회의에 참여한 것과는 별도로 이들 역시 대표단을 꾸려서 파리로 보내기도 했다. 물론 가는 길이 순탄치만은 않아서 이들(윤해, 고창일)이 파리로 도착했을 때는 이미 모든 것이 끝난 후였다. 김규식도 만나지 못했다. 그러나 각각의 단체들이 목표하는 바, 또는 결행하는 모습들은 대동소이한 모습으로 이어진다. 이는 국내에서도 마찬가지다. 3.1 만세운동에 대한 이야기를 접하거나 현장에서 그 만세를 본 이들 중 뜻이 있는 자들이 각자의 고향으로 내려가 뜻을 모아서 만세운동을 다시금 일으켰다는 것이 정설이다. 3.1운동은 한날에 전국적으로 일어난 운동이라기보다는 당시 팽배해 있던 반일의 공기에 동시다발적으로 불이 붙었다고 보는 것이 맞다.

　　1919년 3월, 북간도 용정, 간도 내의 활동가들은 일제의 폭압과 체포에 맞서 싸움을 준비하는 광복단을 혈서로 맺고 결의했다. 또한 이미 이전부터 간도 내의 각 학교(명동학교, 국자가중학교, 정동중학교, 광성학교) 학생대표들은 회합과 실행에 대한 협의를 하고 각자 학교 학생들과 연설회 개최를 준비했다. 3월 7일이었다. 그리고 조국에서 3.1 만세운동이 벌어졌다는 소식이 북간도에 전해졌다. 간도에서 결의를 준비하는 사람들 모두에게 힘이 되는 소식이었다. 드디어 3월 13일, 북간도 용정 시내의 한인들은 거리에서 뭉쳤다. 학생들은 악단을 앞세우고 사람들은 손에 손에 태극기를 들고 있었다. 그리고 '간도 거류 조선민족일동'이라는 명의로 '독립선언문'이 낭독되었다.

"조선민족은 민족의 독립을 선언하노라. 민족의 자유를 선언하노라. 민족의 정의를 선언하노라…."

- 《한국독립운동사》(한국일보사 발간)에서 재인용

그렇게 만세운동은 그 시대 그곳에서 동시다발적으로 일어났다. 3.1운동의 소식은 강을 넘고 산을 넘어 만주에 중국에 연해주에, 그리고 잃어버린 조국을 그리워하던 모든 조선인들에게 전해졌고 조선인들은 살고 있는 그 자리에서 만세 함성을 통해 화답했다. 그렇게 3.1운동은 쉬지 않고 이어졌다.

▬ 반민족행위자 문제

그러나 의문은 여전하다. 왜 몇몇의 사람들은 3.1운동 또는 알려지지 않은 독립운동가에 대한 이야기로 확대하는 것을 꺼려할까. 독립운동은 사진 한 장으로 증명되는 2차원적인 구조가 아니다. 민족의 역사를 바로잡기 위한 많은 이들의 유기적이고 복합적인 노력, 그리고 그 안에서 결합되고 분해되기를 반복하는 많은 단체들이 함께 움직이던 운동이다. 그러다 보니 더 많은 역사적 사건들을 꺼내어 결합과 해체를 반복하다 보면 지금 우리가 알고 있는 독립운동사가 더욱더 방대해지고 다양한 사유를 요구하게 된다.

3. 널리 살아있는 이름, 범재 김규흥

이런 과정을 거치다 보면 일제 강점기에 반동적인 행위를 한 반민족 행위자들이 더욱더 많이 발굴된다. 독립운동사에서 가장 중요한 '반민족 행위자'에 대한 연구가 행해졌을 때 판단과 평가를 맡았던 집단(교수 및 전문가)에서는 묘한 기류가 일어났다. 더 이상 조사를 하지 않는 것이 좋겠다는 뉘앙스의 이야기들이 흘러나왔다. 아마도 사료를 놓고 찾아보니 당사자들의 선친들 혹은 가까운 이들의 역사가 친일의 민낯을 드러냈기 때문이리라.

이뿐이겠는가. 그동안 정부가 주도하여 독립운동가들의 서훈을 추서하는 상훈심의위 같은 곳에 친일파 혹은 그의 후손들이 포진해서 자기들의 역사를 지키기 위해 얼마나 많은 왜곡과 방해를 일삼았는지 문서로도 남아 있고 언론에서도 자주 보도되었다. 뉴라이트 계열의 역사학자들이 그렇게 사활을 걸고 지키려는 식민사관론도 마찬가지다. 식민사관이 깨지면 자기들의 역사가 부정되기 때문이다. 그들에게 역사학자로서의 자긍심과 책임감이 있겠는가. 모두 자기들을 위한 역사를 남기려 할 뿐이다. 그들은 역사학자로서의 자격이 없다.

■■■ 조선인으로 중국 신해혁명에 가담하다

범재 김규흥(1872~1936년). 한국인 최초의 중국 신해혁명 참여자. 해외 무장 독립투쟁의 선구자. 이 사실 외에 김규흥에 대해 알려진 전공이나 임시정부 혹은 무장투쟁단 내에서의 역할은 없다. 알려진 사실이라고는 '옥천의 갑부'라거나 '대부분의 가산을 독립운동에 쏟아부어 후손은 어려운 삶을 살게 되었다'는 사실 정도일까. 고작 김규흥이 박용만의 노선을 따랐다거나, 알려진 것과는 다르게 김규흥이 아나키스트였다는 말이 들릴 뿐이다.

독립운동이 한곳에서 내려지는 지령에 따라 움직였던 단일 대오가 아니라는 것은 앞에서 전제했다. 걸출한 인물들이 고담준봉처럼 여기저기 늘어선 독립운동사에는 봉우리와 봉우리를 이어주던, 우리가 미처 몰랐던 산능성도 있기 마련이다. 범재 김규흥의 삶을 추적하게 된 것은 복잡다단한 조선의 독립운동사와 만나는 지점이 있지 않았을까 하는 궁금증과 기대감 때문이었다.

범재 김규흥은 1872년 6월 13일 충북 옥천에서 출생했다. 어릴 때부터 한학을 공부하여 20세 무렵에는 경전에 통달했다고 한다. 최익현의 사상에 특히 관심을 가지고 있었으며 그 중에서도 '擧義掃淸(거의소청)' 즉, '의를 일으켜 오랑캐를 물리쳐라'는 가르침에 관심이 많았다고 한다. 김규흥은 이미 이때부터 의병들의 활동에 관심이 많았는데, 팔촌 동생인 김규철이 의병에 가담해서 활동을 하고 있었다고 한다.

김규흥은 어릴 때는 한학을 공부했지만 상경한 후에는 다양한 사상과 학문을 접하면서 개화적인 사고를 가졌던 것으로 보인다.

신해혁명 이후 혁명정부에서
육군 소장을 지냈다.(출처: 범재기념사업회)

그가 구학문에만 매몰되었다면 사립학교 설립과 대한자강회 참여 같은 활동은 못했을 것이다. 김규홍은 서양사 및 중국사, 신문물이 전하는 학문에도 심취했다. 김규홍의 친척인 김현구의 기록에 따르면 중국인 조 진사를 통해 얻은 지식 중에는 역사와 과학, 시국상황 등에 관한 것들이 있었다고 한다. 김규홍은 근대적인 국가관을 주장했는데 그 중 핵심은 삼권분립이었다. 즉 입법, 행정, 사법권이 분리되는 체제, 헌법을 바탕으로 하는 정부, 그리고 영국의 정당정치를 주장했다고 한다.

조 진사는 자본주의를 바탕으로 하는 민주주의를 이야기한

이름 없는 역사

반면에 김규흥은 사회주의를 지향했다. 물론 여기서 말하는 사회주의는 일당 독재의 공산주의와는 달랐다. 김규흥이 사회주의에 매료된 이유는 경제적 차별을 해결하는 방법론이기 때문이었다. 그가 옥천 대부호의 후손이라는 점을 생각하면 이율배반적인 선택이다. 어린 시절 배운 성리학 바탕 위에서 신학문 그리고 그 중 가장 진보적인 사상인 사회주의로 연착륙했다는 것은 그의 학문적인 토대가 매우 단단했음을 보여준다. 이렇게 다져진 학문적인 소양은 본격적으로 독립운동에 참여한 이후에도 보인다.

━━ 고종의
밀명을 받다

1907년 헤이그 밀사 특파는 일본의 분노를 사기에 충분했다. 일제는 고종을 강제로 퇴위시켰다. 1910년 한일병합이 있기 전부터 이미 이 땅의 국권은 우리의 것이 아니었다. 이 시기에 김규흥을 비롯해 최익현, 이상설 등이 함께 고종의 밀명을 받는다. 최익현은 의병에 관한 밀명을, 이상설은 항일운동에 관한 밀명을 받았다.

김규흥이 고종에게 밀명을 받게 된 것은 그의 조부가 국가에 원납전이라는 명목의 돈을 바쳤기 때문이었다. 김규흥은 고종으로부터 밀명과 함께 자금을 받았다. 이것을 준비자금으로 하여 상해에 무관학교를 세우려고 했다. 그러나 이 계획은 금세 일본 헌병대에

3. 널리 살아있는 이름, 범재 김규흥

발각되었다. 헌병대에 체포된 김규흥은 100일간 감금당했고, 풀려
난 뒤에도 일본에 의해 지속적인 감시를 당했다. 당시 일본의 고위
간부는 김규흥을 찾아와 '지금 숨겨져 있는 황실의 차관을 받아와서
우리에게 넘겨주면 공직과 포상을 약속하겠다'는 은밀한 제안을 해
왔지만 김규흥은 이 제안을 거절하고, 일본의 감시가 소홀해진 틈을
타서 중국으로 망명했다. 김규흥은 이미 오래전부터 무관학교 설립
을 통한 인재육성에 뜻이 있었고 마침 고종의 제안 덕분에 뜻을 펼
치는 모양새가 좋다는 생각을 했었지만 그렇다고 왕의 명령에 따라
계속 움직일 수는 없는 노릇이었다. 김규흥이 중국으로 망명한 것이
1908년이었다.

　　그가 망명한 직후에 상해비밀사건이라는 것이 발생했다. 김
규연이라는 자가 그 사건의 혐의자였다. 그러나 일본은 그자를 쉽
게 체포할 수 없었다. 상해에는 수많은 조계지가 있었는데, 김규연이
라는 자가 그 조계지 경계를 넘나들며 활동했기 때문이다. 김규연은
바로 김규흥의 또 다른 이름이었다.

　　김규흥은 중국 혁명파에 가담했다. 그는 중국혁명파 안에서
비밀문서 전달 및 보관 같은 중요한 임무를 수행했다. 그의 활동을
지켜보던 중국 혁명파 사람들은 김규흥을 신뢰하며 그가 꿈꾸는 조
선의 독립운동에도 지대한 관심을 보이기 시작했다. 그리고 무장봉
기 초기부터 함께 싸워온 공로를 인정받아 김규흥은 고문의 자리에
도 오르게 된다.

김규홍의 중국 신해혁명 참여와 활동은 무엇을 의미하는가. 김규홍의 생각은 이러했다. '중국에서 혁명이 성공해서 혁명정부가 정권을 잡는다면 이것은 조선의 미래에도 큰 도움이 될 것이다.' 우선은 중국의 혁명을 성공시키고, 그 안에서의 경험과 전략을 통해 우리 민족의 앞날을 계획하고, 또한 중국혁명에 공을 세운 공신이 되면 혁명정부의 도움을 받아 조선의 식민지 해방에도 도움이 될 것이라는 생각이었다.

　　신해혁명은 부패와 무능의 상징이었던 청조를 무너뜨리고 공화정을 만든 공화혁명이었다. 오랜 세월의 왕조를 무너뜨리고 공화라는 새로운 세상을 만드는 혁명이었다. 혁명의 성공이 가까워질수록 김규홍의 꿈도 영글어갔다. 밤낮으로 그리던 조선의 독립을 이루어내겠다는 꿈이 현실이 되어 눈앞에 다가오는 듯했다. 이제 남은 것은 조국의 독립과 새로운 세상을 만드는 일뿐이었다.

　　그러나 신해혁명은 안에서부터 무너졌다. 정권을 잡은 위안스카이는 다시 왕조의 꿈을 꾸려 했다. 그는 혁명파를 배신했고 공화정을 배신했다. 혁명파는 위안스카이에 맞서 다시 어려운 싸움의 길로 들어섰다. 혁명은 그렇게 실패했고 꿈은 사라졌다.

　　최초의 신해혁명 조선인 참가자 김규홍은 다시 먼 길을 준비했다. 김규홍은 이후 박은식을 만난다. 상해와 홍콩을 오고가면서 독립운동을 이어가려 했던 김규홍은 1913년 10월 박은식과 함께 〈향강잡지〉의 창간을 위해 홍콩으로 이동한다. 〈향강잡지〉가 갖는 의미

民國二年拾貳月壹日

雜香誌江

香港政府特准發行

第壹卷第壹號

HONGKONG MAGAZINE

香江雜誌第壹號目錄

香江雜誌社發行

1913년 12월 간행된 한중합작 매체인
〈향강 잡지〉의 표지. 제4호까지 발간된 것으로
알려져 있다.

는 남다르다. 단순히 지역민을 위한 잡지가 아닌 독립운동의 수단으
로서 언론의 필요성을 느낀 활동가들의 선택이었다. 표면적으로는
박은식 그리고 안창호의 후원으로 이루어졌다고 나와 있지만 실제
로 이 잡지를 만들고 운영하며, 중국 정부와 소통하기 위해서는 김
규흥의 역할이 중요했다. 〈향강잡지〉는 안타깝게도 발행 4호만에 폐
간된다. 아이러니하게도 위안스카이의 정책을 비판했다는 것이 이
유였다. 〈향강잡지〉의 논설위원으로 참여한 이들의 면면을 보면 이
잡지의 무게감을 느낄 수 있다. 김규흥, 박은식뿐 아니라 신규식, 신
채호, 조소앙…. 독립운동의 열망을 담은 잡지였다.

이름 없는 역사

둔전제를 통해
강병을 준비하라

김규흥은 사회주의를 꿈꿨지만 사회주의에 매몰된 인물은 아니었다. 일부에서는 김규흥이 박용만의 의사를 전부 수용하여 공산주의까지 추종하려 했다는 이야기도 있지만 이것은 사실이 아니다. 박용만 역시 공산주의의 영향력을 바탕으로 독립부대 운용에 도움을 받으려 했지만 그것은 수단에 지나지 않았다. 김규흥 역시 사회주의는 독립운동의 수단일 뿐이지 사상적으로 경도되지는 않았던 것으로 보인다.

김규흥은 오래 전부터 둔전제에 대한 꿈이 있었다. 둔전제란 병사들이 직접 농사를 지어 자급자족하고, 집단농장 운영을 통해 자치성을 강화하는 방식이다. 조선시대에도 둔전제에 대한 많은 기록이 있고 지금도 일부 공산주의 혹은 사회주의 국가에서 활용되기도 한다. 만주나 연해주에서 활동했던 독립부대나 자치민들이 이러한 형태로 자급자족을 하고 있었다. 김규흥은 그동안 봐왔던 임시정부나 대한제국의 연이은 외교활동 실패로 인해 더더욱 자립형 무장투쟁 방식에 관심을 가진 듯하다. 김규흥의 둔전제에 대한 고민은 일시적인 것이 아니었다. 그는 한학을 배울 때부터 병서에 관심을 가졌고, 중국에 망명하던 시기에도 이 생각에는 변함이 없었다.

신해혁명 전 미국에 있는 대한인국민회에 편지를 보낼 때도

3. 널리 살아있는 이름, 범재 김규흥

둔전제에 대한 고민을 담고 있었다. 황무지를 개간해서 만주에 있는 한국인들을 정착시키자는 논의를 하고 있으나 이는 결국 둔전제를 통한 군사력 유지에 대한 생각을 밝힌 것이다. 이후 안창호를 만났을 때도 김규흥은 둔전제의 필요성을 주장한다. 모든 부분에서 동의를 하지 않은 안창호와 달리 박용만은 독립전쟁 수행능력을 가질 수 있다는 것에 대해 공감했다. 박용만은 간도에서 단독부대의 운용을 주장했고 이는 둔전제를 주장하는 김규흥과 뜻이 맞았다. 겉으로 보이기에는 박용만이 큰 구상을 하고 김규흥이 따르는 것처럼 보일 수도 있지만 두 길은 역할과 목표가 달랐고 큰 줄기에서 결이 맞는 활동이었을 뿐이다. 이후 박용만이 조선공화정부, 북경군사통일회 등 독립군 양성을 위한 단체를 조직하는 가운데 두 사람은 각각의 목표를 설정하고 둔전제, 혹은 자치가 가능한 독립군 설립을 위한 준비를 꾀한다.

━━ 흥화실업은행을 설립하다

1922년 초 김규흥은 박용만, 김태석 등과 함께 은행 설립을 준비한다. 중국인을 합류시켜 자본의 확보를 꾀하고 겉으로는 주권 모집 회사인 것으로 보이게 했지만 실제 목적은 은행으로 확보한 자금을 바탕으로 북경과 만주의 토지를 사들여서 군인들을 그곳에 모이게 한 후 둔전제를 실시하는 것이었다. 흥화실업은행은 약 1만 엔의 투자금을 모았다. 이는 전체 목표금액 10만 엔의 10퍼센트를 달성한 것으로 계획은 순탄하게 흘러가는 듯했다.

이와 함께 박용만과 김규흥, 김태석은 농장도 갖추어나갔다. 북경에 있는 석경산의 땅을 임대해 석경산농장을 만든 것이다. 주권모집(주식)을 통해 모인 자금은 북경군사회의와 석경산농장 운영을 위해 쓰였다.

그러나 흥화실업은행은 더 이상 출자금을 모으는 데 실패했다. 김규흥은 아들에게 부탁하여 국내에 있는 모든 재산을 처분해서 중국으로 보내라고 했다. 아들은 그 지시를 실행했지만 안타깝게도 그 금액이 모두 안전하게 김규흥에게 전해졌는지 또 전달한 사람이 누구인지는 확인할 길이 없다. 그러던 중 1924년 북경 경찰청은 흥화은행의 정산장부까지 감시하겠다고 나섰고, 김규흥과 김태석은 몸을 숨겨야 하는 사태까지 이르게 된다. 북경군사회의도 마찬가지였다. 자금줄이 끊겨버린 상황에서 더 이상 은행을 유지할 수 없었고 결국 석경산농장의 임차료까지 내지 못하는 지경에 이른다.

이들의 독립군 양성계획은 결국 뜻을 이루지 못하고 실패한다. 박용만은 이후 밀정으로 오해를 받고 독립군의 고혈을 빨아먹고 사는 승냥이로 비유되기도 하다가 결국 진짜 의열단인지도 알 수 없는 이해명이라는 자에게 암살을 당한다. 두 번에 걸쳐 국내 극비방문을 했고, 조선총독과의 비밀회동 때문에 밀정이라는 오해를 사

3. 널리 살아있는 이름, 범재 김규흥

홍화실업은행 개막기념식 사진.
맨 앞줄 왼쪽에서 5번째가 김규흥, 맨 앞줄 오른쪽에서 3번째가 백범 김구이다.

게 된 것이다. 당시 박용만은 러시아의 공산혁명 후 남하하는 세력
을 견제하기 위해 무기를 지원받은 후 이것으로 다시 독립군을 무장
시키려는 계획을 세웠다. 하지만 이를 견제한 세력과의 내부 갈등과
일본의 계략에 휘말려 암살당한 것이다.

　　이후 김규흥은 천진으로 이동해서 생활했다. 그러나 당시 천
진에서도 일본에 부역하는 단체들이 활동하고 있었고, 그의 생활도
편안하기는 어려웠다. 특히 그곳에서 김규흥을 평생 괴롭혔던 이질
이 재발했고, 점점 악화되었다. 아들은 아버지의 위급한 소식을 듣
고 달려왔지만, 1936년 8월 16일 김규흥은 천진에서 숨을 거두었다.
순탄치 않은 조국의 운명을 외면하지 못한 그가 순탄치 않은 유랑의
길 위에서 외롭게 스러진 것이다.

이름 없는 역사

아나키스트와
사회주의자라는 오해

김규흥에 대한 오해 아닌 오해 중에 이런 것이 있다. "김규흥은 아나키스트다. 사회주의자다." 김규흥에게 사회주의는 당시 시대의 약자가 되어버린 우리 민족이 살아남기 위한 전략적 선택일 뿐이었다. 김규흥은 우리 민족의 본질적인 해방의 길이 사회주의라고 말한 적이 없다. 아나키스트라는 평가 역시 마찬가지다. 각자도생의 길을 이야기했던 것은 당시 만주로 연해주로 나뉘고 쪼개진 독립운동단체들이 허울만 좋은 합의를 한다 해도 독립운동의 해법이 될 수 없음을 알고 있었기 때문이다.

살아남는 것이 결국 해방으로 가는 길임을 믿어 의심치 않았던 김규흥 선생. 그는 황무지와 벌판을 헤매고 깊은 골짜기에 숨어 있더라도 일단은 살아남아 다시 조국으로 돌아가야 한다는 생각으로 아나키스트라는 오해도 불사했던 실용적 사고의 독립운동가였다.

김규흥은 마지막까지 쉽지 않은 길을 가고 있었다. 은행을 만들기 전에도 숱한 사기를 당했고 심지어 밀정의 수괴라는 오해까지 받은 적도 있었다. 주변에서 절대 그럴 리 없다고 적극적으로 감싸서 오해가 풀리기는 했지만 평생 조국의 독립을 위해 살아온 이에게는 너무나 가혹한 형벌이었다.

범재의 삶을 찾아가는 궤적 속에는 확인되지 않은 몇 가지의

3. 널리 살아있는 이름, 범재 김규흥

설이 있기도 했다. 범재가 속한 단체가 3.1운동을 주도하고 전 세계적인 만세운동을 계획적으로 주도했다는 설, 단재 신채호의 조선혁명선언 역시 범재의 기획이라는 설, 의열단의 후원과 운영에도 범재가 관여했다는 설. 물론 그 모든 것들을 신빙성 있는 정황으로 받아들이기엔 부족하다. 그러나 그만큼 범재는 밖으로 드러나진 않았지만 묵묵히 독립운동의 큰 틀을 다지고 멀리 내다보는 안목을 갖추었다고 볼 수 있다.

독립운동에 기여한 인물들을 기억하고 그들의 업적에 존경을 보내고 동상에 꽃을 올리는 것도 중요하다. 그러나 모든 역사적인 투쟁의 길에서는 언제나 범재 김규흥처럼 묵묵히 헌신하고 고민하고 실천하는 삶이 더 많다는 사실을 잊지 말아야 한다.

범재 김규흥의 후손은 어쩌면 범재 선생을 원망하며 살 수도 있다. 나라에 그 큰돈을 바치고도 남아 있는 재산을 헤아리기 어려울 정도였는데 그 모든 것을 독립운동에 바치면서 조금도 아까워하지 않았기 때문이다.

3.1운동 때 서울에서 만세운동을 보고 강화도로 내려가서 한 장 한 장 만세 선언문을 만들어서 3일 후에 장터에서 만세를 부르던 무명의 투사, 양평읍 학교 앞에 모여서 만세를 부르고 종이를 나누어주고 주민들과 함께 만세를 부르다가 중국으로 떠나버린 양평의 천석지기, 치마저고리에 몰래 태극기를 감아들고 다니면서 한 날 한 시에 모여 만세를 부르던 그 뜨거운 영혼들 모두 독립을 바라는 마

음을 가진 독립투사였다.

　　암울했던 시대는 뒤안길로 사라졌고 지금은 남아있는 기억들로부터 그때의 마음을 더듬거리며 찾고 있지만 우리 모두 잊지 말고 기억해야 할 것이 있다. "또 다시 그러한 시대가 온다고 해도 나는 다시 재산 모두를 조국 독립에 바칠 수 있다." 범재 김규흥 선생의 말씀이다.

4

임시정부의
영원한 비서장,
차리석

도산 선생을
만나다

　차리석(1881~1945년)은 1881년 평남 영원에서 차시헌의 3남
으로 태어났다. 아버지 차시헌은 서북의 양인 출신이며 연안 차씨
집안의 18세손이다. 차시헌은 어릴 때 한학을 배웠다. 이를 바탕으
로 초시에 합격하여 '차초시'라고 불리기도 했다. 초시 정도로 별칭
이 붙는 것을 의아해할 수 있으나 문인 출신 벼슬이 귀했던 서북지
방에서는 초시에 급제한 것도 지역 '유지'로서 인정받을 수 있었다.
차시헌은 초시에 합격은 하였으나 아버지를 일찍 여의어서 실질적
인 가장노릇을 일찌감치 해야 했다. 더 이상 공부를 하지 못하고 농
사일 등으로 생계를 이어갔다.

이름 없는 역사

임시정부에서 활동하던 시절의 차리석 선생.

    3남 차리석이 태어난 이듬해 이들 가족은 개마고원 끝자락에 위치한 첩첩산중 작은 마을로 이사를 갔다. 깊은 골짜기로 이사를 가게 된 것은 아버지 차시헌이 한학뿐 아니라 풍수에도 능하여 집안의 기운과 가족의 안녕을 위해 터가 좋은 곳으로 이사한 것으로 생각된다. 이곳에서 가족들은 15년간을 살면서 시골의 삶을 누린다. 그러나 깊은 골짜기에 있어도 아버지 차시헌은 여러 사람들과 교류하고 문물을 습득하여 자식들에게 견문을 넓히는 기회를 주기도 했다.

1896년 차시헌의 가족은 다시 평양으로 이사를 했다. 대동강 근처의 '소우물'이라는 마을이었다. 이때 이미 서울을 찾아가서 선교사를 만났던 차시헌은 기독교 신자가 되어 있었고(언더우드를 만났다고 전해진다) 가족들까지 교회를 다니게 되어 차시헌의 집안은 독실한 신앙생활을 시작했다. 이후 차시헌은 장천교회를 세우게 되는데 장천교회는 교세가 빠르게 커져 평양 일대에서 몇 백 명의 신도를 거느린 대형 교회로 성장한다.

독립협회는 당시 전국적으로 지회를 설립하고 활동을 활발히 이어가고 있었다. 이중 평양지회는 그 세력이 두 번째 혹은 세 번째 정도로 대단했다. 서울에서 만민공동회를 마치고 평양지회로 내려온 도산 안창호는 평양 '쾌재정'에서의 명연설로 대중들의 마음을 사로잡는다.

쾌재정, 쾌재정 하기에 무엇이 쾌한가 했더니 오늘 이 자리야 말로 쾌재를 부를 자리올시다. 오늘은 황제 폐하의 탄일인데, 우리 백성들이 이렇게 한데 모여 축하를 올리는 것은 전에 없이 첫 번 보는 일이니, 임금과 백성이 함께 즐기는 군민동락의 날이라, 어찌 쾌재가 아니고 무엇인가? 감사 이하 높은 관원들이 이 축하식에 우리들과 자리를 함께 하였으니 관민동락이라 또한 쾌재가 아닐 수 없도다. 남녀노소 구별 없이 한데 모였으니 만민 동락이라, 더욱 쾌재라고 하리니, 이것이 또한 오늘 쾌재정의 삼쾌라 하는 바로라. 세상을 바로 다스리겠다고 새 사또가 온다는 것은 말뿐이다. 백성들은 가뭄에 구름 바라듯이 잘 살게 해주기를 쳐나보는데 인모 탕건을 쓴 대관. 소관들은 내려와서 여기저기 쑥덕거리고 존문만 보내니, 죽는 것은 애매한 백성뿐이 아닌가? 존문을 받은 사람은 당장에 돈을 싸 보내지 않으면 없는 죄도 있다하여 잡아다 주리를 틀고 돈을 빼앗으니, 이런 학정이 또 어디 있는가. 뺏은 돈으로 허구헌 날 선화당에 기생을 불러 풍악을 잡히고 연관정에 놀이만 다니니, 이래서야 어디 나라 꼴이 되겠는가? 진위 대장은 백성의 생명 재산을 보호하는 것이 책임인데 보호는커녕 백성의 물건 빼앗는 것을 일삼으면 우리나라가 어떻게 되겠는가?

- 《차리석 평전》(장석흥 지음)에서 재인용

　당시 도산의 나이 21세, 그 연설을 지켜보던 동암 차리석의 나이 18세였다. 도산의 연설을 듣고 도산을 만나게 된 차리석은 도산에게 많은 영향을 받게 된다. 그 만남 이후 1898년 평양에는 도산이 민족교육을 위해 세운 초등 과정의 점진학교가 자리를 잡았고, 이 학교에서는 차리석의 숭실학교 동기들이 교사로 채용되어 학생들을 가르쳤다.

4. 임시정부의 영원한 비서장, 차리석

신민회에
참여하다

동암 차리석은 평양 숭실학교를 1회로 졸업했다. 당시 나이가 24세였다. 진보적인 교육과정을 갖춘 명문학교였던 숭실학교에서 그는 기독교의 신실함과 교육의 중요성을 깨닫는다. 이에 여러 기고와 논설을 통해 민족이 나아가야 할 바에 대한 고민을 이어간다.

차리석과 안창호는 평양지회 때부터 교분을 쌓았지만 이후에도 신문(공립신보)에 글을 남기는 등의 활동을 통해 서로 교분을 이어갔다. 1906년 동암이 기고한 논설은 '문명의 기초'라는 제목으로 신문의 시대적인 사명과 가치에 대한 열망을 담아내었다. 그리고 1907년 도산이 국내로 들어와서부터는 민족운동의 동지로 새로이 만남을 이어갔다.

1907년 도산은 다시 돌아와 신민회 결성을 주도한다. 전국적 단위의 결사단위가 필요하다는 생각에서였다. 도산은 차리석의 도움을 받아 신민회 창립 작업에 열을 올렸다. 당시 신민회에는 힘을 모을 수 있는 이들이 다양하게 모였다. 신문사 기자, 구한말 무관, 상동교회 인사들이 한마음 한뜻으로 모여서 신민회를 구성하게 된다. 이동녕, 안창호, 양기탁 등이 주축으로 활동을 준비했다. 차리석 역시 민족단체인 '신민회'에 참여하여 적극적인 활동에 나선다.

광무황제(고종)가 헤이그에 밀사를 파견한 것이 일제에게 알

이름 없는 역사

려지면서 일제는 광무황제에게 일본으로 와서 사과할 것을 강요한
다. 굴욕의 역사를 막기 위해 신민회의 도산과 동암은 왕의 사과를
막는 운동을 계획했으나, 일제는 7월에 광무황제를 강제퇴위 시킨
다. 이제 대한제국의 국권은 땅으로 추락하게 되었다. 당시 분노한
대한제국의 군인들은 시가전을 불사했으며 수백의 사상자와 부상자
가 나왔다.

　　신민회는 더더욱 견고해져야 했다. 신민회는 가열찬 활동을
통해 지역조직의 확대와 내부규약의 강화 등으로 입지를 다져나갔
다. 신민회는 1910년 즈음에 전체 회원수가 800여 명에 달했다. 신
민회의 조직 운영과 규약 등은 이후 임시정부의 설립과 운영에 큰
밑거름이 되었다.

　　또한 신민회의 사업으로 이어졌던 대성학교와 청년학우회
등에서도 활동을 해나갔다. 차리석은 대성학교 설립을 통해 교육을
강화하려 했다. 대성학교의 초대 교장으로는 윤치호가 추대되었으
며 각 분야별로 유능한 교사 모집에 집중했다. 대성학교는 체육수업
에도 많은 시간을 할애했다. 군인출신의 체육선생을 초빙해서 높은
강도의 체력훈련을 실시했던 것이다. 이것은 향후에 있을지도 모를
실제 군사적 활동을 준비하기 위함이었다.

　　1909년 하얼빈 역에서 안중근 의사가 이토 히로부미를 처단
한 의거가 일어났다. 일제는 조선의 민족운동 인사들을 배후로 보고
체포에 나섰다. 이에 대성학교에서 역할을 하던 안창호를 비롯한 많

　　　　　　　　　　4. 임시정부의 영원한 비서장, 차리석

은 민족운동 인사들이 체포되어 일제에 끌려갔다. 차리석은 안창호의 석방을 위해 백방으로 노력했다. 이후 도산은 해외망명을 선택한다. 망명을 떠나는 도산은 다시는 돌아올 수 없다고 생각한 고국에 대한 애달픈 마음을 노래로 남겼다.

거국가(去國歌)

간다 간다 나는 간다 너를 두고 나는 간다

잠시 뜻을 얻었노라 까불대는 이 시운(時運)이

나의 등을 내밀어서 너를 떠나가게 하니

간다 한들 영 갈소냐 나의 사랑 한반도(韓半島)야

대성학교의 중추적인 역할을 했던 도산이 망명하면서 대성학원을 감당하게 된 차리석은 큰 부담을 느끼면서도 교사증축이라는 적극적인 방법으로 헤쳐나간다. 더 많은 교육을 통해 인재를 양성하겠다는 차리석의 의지가 반영된 것이다. 그러나 1910년 일제는 결국 대한제국을 병탈한다. 어렵게 학교를 유지하던 민족운동 인사들을 대거 체포하는 일제의 탄압이 계속되자 차리석 역시 끌려가고 만다. 민족의 교육을 위해 어렵게 명맥을 이어오던 대성학원은 1913년 결국 폐쇄되었다.

1910년 대한제국은 사라졌다. 하지만 이미 일제는 을사조약 이후 조선 식민지화를 위해 체계적인 탄압을 시행해왔다. 몇 년

이름 없는 역사

간 이어진 의병 탄압 외에도 1908년에 발표된 '사립학교령' 등을 통해 조선인 교육 및 조선인들의 문화 말살 작업을 진행했다. 역사서와 신문의 발매금지와 폐간, 경찰권력의 강화 등으로 식민지화를 진행하고 있었던 것이다. 1911년에는 '보안법위반사건'을 통해 신민회 회원들에게 실형을 선고했고 각종 사건들을 조작하여 민족운동 진영을 압살하려 했다.

1911년에는 105인 사건이 일어난다. 총독 '테라우치'를 암살하려는 시도가 있었다는 사건을 만들어서 미리 조작된 용의자와 진술을 강요한 사건이다. 이중에는 서북지역과 기독교계 항일 인사 등이 포함되어 있었는데, 무엇보다 다수를 차지하는 '신민회'를 탄압하기 위해 만들어진 사건이었다. 고문에 의해 만들어진 진술을 통해 자백한 123명을 기소하였고, 이들 중 105인에게 실형을 언도하여 신민회를 탄압했다.

고문은 다양하고 끔찍했다. 심문을 하는 과정에서 음식을 주지 않고 그 앞에서 음식을 먹으면서 굶기는 방법, 천장에 매단 후 채찍으로 후려치는 방법, 불에 달군 쇠몽둥이로 고문을 하는 방법…. 가혹한 고문에 의해 많은 이들이 허위로 자백할 수밖에 없었다. 그것만이 살아남는 유일한 방법이었다. 일제는 이렇게 날조한 증언을 가지고 죄를 입증하려 했다.

그러나 국제적으로 많은 종교인들의 헌신적인 노력과 항의를 통해 5인을 제외한 99인이 무죄로 풀려나게 된다. 기소된 이들 중

4. 임시정부의 영원한 비서장, 차리석

에는 기독교인들이 많이 있어서 타국의 종교인들의 항의로 일제의 입장이 곤란하게 되어 버렸기 때문이다. 고문에 의한 자백임이 밝혀지고 나서 8년의 구형을 받았던 차리석은 1913년 7월 무죄판결을 받고 석방된다. 그러나 105인 사건부터 시작된 강압통치로 인해 신민회는 위축되었고 결국 사실상의 활동을 멈추고 만다.

═══ 임시정부에서
활동하다

3.1운동이 일어나고 중국에서 임시정부가 수립되자 차리석은 적극적인 민족해방운동에 참여하기 위해 상해 망명을 결심했다. 그리고 상해에 도착한 뒤에는 임정의 기관지인 〈독립신문〉의 일꾼으로 참여하면서 도산의 뜻을 이어나가는 활동을 계속했다.

차리석은 상해에 도착하기 전 1919년 임시정부의 교통국 업무에 참여한 적이 있었다. 신의주와 마주보고 있는 안동지부(단동)에서 활동했던 것이다. 기독교 청년들이 주축이 되어 도산의 주도로 만들어진 안동지부는 임시정부의 교통국 역할을 하면서 동시에 조선으로 들어오는 무장항일단의 무기 및 물자 운반에도 중요한 역할을 했다. 당시 임시정부 안동지부는 무역 및 해운회사로 알려진 이륭양행에 설치되어 운영되고 있었다. 당시 영국인의 소유로 운영되던 이륭양행을 통해 상해와 연락하고 폭탄, 총기 등을 운반할 수 있

　　　　　　　　　　　　　이름 없는 역사

었으며 많은 활동가들이 안전하게 상해로 거쳐갈 수 있었던 것이다.

1923년 임시정부는 내부의 갈등으로 인해 분열하게 된다. 얼마 있지도 않은 동력 안에서 분파싸움이 일어난 것이다. 이에 가장 적극적이면서도 실무적으로 임시정부에서 활동한 차리석은 임시정부의 활동에 잠시 회의를 느낀다. 그래서 한동안 도산과 함께 흥사단 사업과 본인의 평생 과제인 교육사업에 매진하려 남경에 동명학원을 설립하기도 했다. 청년의 교육만이 조국의 미래를 바꿀 수 있다는 그의 신념은 평생의 숙제였다. 그리고 도산이 체포되어 서대문형무소로 압송될 때도 차리석은 도산의 빈자리를 지키며 끝까지 도산의 활동에 큰 버팀목이 되었다.

1930년 동암은 다시 임시정부로 복귀한다. 7년만이었다. 독립운동계는 여전히 분파의 갈등으로 흔들리고 있었다. 7년 전의 싸움이 정파적인 대립이었다면 1929년 이후 이어진 싸움은 좌익계와 우익계의 갈등 때문이었다. 이에 임시정부 핵심이었던 이동녕, 김구 등과 흥사단 계열이 모여서 '한국독립당'을 결성하게 된다. 그 때 동암은 한국독립당 창단에 참여하고 이사직을 수락했다.

그는 정치적인 모순관계를 극복하기 위해 임시정부의 의정원을 직접 꾸려서 상임위원회의 권한을 강화하는 작업을 시작했다. 1932년 윤봉길 의사의 의거로 일제의 탄압이 거세지고 중국 정부의 지원금으로부터 촉발된 이른바 '항주사건'(자금유용사건)이 발생하면서 임시정부는 한동안 무력한 상태에 빠지기도 했다. 동암은 그렇게

4. 임시정부의 영원한 비서장, 차리석

임시정부가 흔들릴 때마다 중심에 서서 흔들리는 배의 중심을 잡기 위해 혼신의 힘을 다했다.

1938년 도산이 서거했다. 도산과 평생의 동지로 살아온 차리석에게는 청천벽력 같은 일이었다. 임시정부도 큰 혼란에 빠졌다. 하지만 차리석은 좌절하지 않고 자신의 일을 찾아 성실하게 해냈다.

독립운동 진영에는 수많은 정당들이 있었는데, 급진적 사회주의 노선부터 민족주의 계열까지 여러 분파가 혼재해 있었다. 그리고 이들 사이에는 계파 및 노선의 갈등으로 인한 내부투쟁과 반목이 빈번했다. 정당간의 연합을 추진하던 계파에 불만을 품은 다른 계파가 실제로 저격하는 내부 테러가 발생하고 말았다. 바로 '조선혁명당'의 당원들이 김구, 이청천, 현익철을 공격한 것이다. 현익철은 결국 이 사건으로 사망하고 말았다. 김구 역시 부상을 크게 입었다. 민족이 하나로 뭉쳐서 광복을 위해 싸워도 모자랄 판국에 안타까운 희생만 치른 것이다.

이후에도 김원봉계와의 갈등, 중국과의 연합 항일전 문제 등으로 임시정부가 혼란에 빠질 때에도 차리석은 직접 중재에 나서서 임시정부의 혼란을 최소화했다. 또한 그는 임시정부 내의 공적 기준을 엄격히 해서 자칫 일어날 수 있는 해이를 막는 데도 최선을 다했다. 그때 차리석 자신이 1924년 남경에 있는 도박장을 한번 출입한 일을 직접 공개하고 스스로 징계를 요청함으로써 자신과 조직에 대한 엄격함을 보여주기도 했다.

이름 없는 역사

1941년 3월 중국 중경에서 찍은 사진으로 맨 앞 줄 오늘쪽 끝이 차리석 선생이다.
앞줄 가운데는 백범 김구이다.(출처 : 독립기념관)

　　임시정부는 태생적인 한계로 인해 지도체제와 운영의 혼란
이 자주 야기되었다. 이에 차리석은 임정의 지도체제 확립을 위해
체계적인 명문화에 힘을 쏟았다. 임시정부 약헌 개정과 광복군의 실
전적 지휘체계 정리 등을 통해 임시정부의 위상을 확립하고자 했다.
광복군은 그전까지는 중국군사위원회에 예속된 부대로 인식되어 있
었으나 차리석이 광복군을 '임시정부의 군대'로 명문화함으로써 독
립성과 자주성을 유지할 수 있도록 했다.
　　동암은 1935년 임시정부에서 비서장을 맡은 이후 숨을 거둘
때까지 '영원한 비서장'이었다. 당시 비서장은 국무위원들의 투표에
따라 선출되었다. 임시정부의 비서처는 국무회에 대한 전반적인 업

　　　　　　　　　　　　　　　　4. 임시정부의 영원한 비서장, 차리석

무 수행(기록 보존 및 발표, 회계 등)이 주업무였는데, 직제상에는 비서장 아래 부비서장, 비서, 서기 등이 있었지만 해방되기 전 즈음에야 비로소 체계가 완성되었다. 차리석이 처음 비서장에 취임했을 때는 관련된 모든 업무를 혼자서 처리해야 했다. 당시 비서처의 관제 내용 중 일부이다.

제8조 비서처에는 비서장 부비서장 각 1인과 비서 서기 각 약간 인을 둔다.

제9조 비서장은 주석의 명을 승하여 소관업무를 관장하며 소속 직원을 감독한다.

제10조 부비서장은 비서장을 보좌하여 처무를 정리하며 비서장이 유고할 때에 그 서무를 대리한다.

- 《대한민국 임시정부의정원 문서》에서 재인용

차리석의 업무는 임시정부 전반에 걸쳐 이루어졌고 이후 관제의 재편에 따라 김구 주석의 권한이 공고해지고 정부의 형태가 완성되어 갔다. 정부가 형태를 갖추자 광복군 역시 대일 투쟁에 집중할 수 있게 되었다.

1945년 8월, 일제는 패망했다. 광복군을 이끌고 국내진공작전을 준비하던 임시정부에게는 청천벽력과도 같은 소리였다. 우리의 손으로 해방을 만들어야 하는데 또 다시 '국제공동관리'라는 미

이름 없는 역사

명하에 나라를 온전히 찾을 수 없다는 소식을 들은 백범과 차리석은 좌절했다. 임시정부의 요인들에게는 마냥 기쁘지만은 않은 승리였다. 조국으로 돌아가는 발걸음이 무겁게 느껴졌다. 그들 앞에는 다시 혼돈의 시간이 기다리고 있었고, 반목의 시대가 예견되었다.

그러나 그대로 주저앉아 있을 수는 없는 노릇이었다. 임시정부를 그동안 오롯이 지켜왔던 차리석은 임시정부의 환국을 위해 다시 준비를 시작했다. 임시정부의 많은 기록들, 임시정부의 살림들을 손수 챙겼다. 무사히 조국으로 돌아가서 새로운 살림을 준비할 때 요긴하게 써야 할 것들이었다. 임시정부가 해방된 조국에서 어떠한 위상과 방향성으로 일을 해야 하는지에 대한 고민도 같이 시작되었다.

임시정부가 1945년 9월 3일 발표한 성명서는 차리석의 손을 거쳐 만들어졌다. 그러나 그는 이미 지쳐 있었다. 너무 긴 여정이었다. 격무에 지쳐 탈진상태로 버티고 있던 차리석은 9월 5일 청사에서 의식을 잃고 쓰러졌다. 그리고 9월 9일 다시는 일어나지 못했다.

병원에서 "아직도 할 일이 많은데 여기서 죽는구나"라고 통곡할 때 백범도 눈물을 감추지 못했다. 1919년 조국의 독립을 위해 떠나온 이후, 임시정부를 지키기 위해 쉬지 않고 버티어 오던 동암은 결국 조국으로 돌아가지 못했다.

4. 임시정부의 영원한 비서장, 차리석

═══ 임시정부의 아이가 태어나다

임시정부가 중경에 정착했을 무렵이다. 차리석은 홀로 생활하고 있었다. 임시정부가 정착하기 전에 부인과 딸을 상해로 불러왔으나 이 또한 오래가지 못했고, 상해에 있던 부인은 세상을 먼저 떠난 후였다. 임시정부가 정착을 했으나 크고 작은 안살림을 맡아온 차리석은 외로이 생활을 견디고 있었다. 이를 딱하게 생각한 백범이 중매를 하겠다고 나섰다. 서안포로수용소에서 임시정부 요인들의 뒷바라지를 했던 홍매영의 됨됨이를 좋게 본 백범이 그녀에게 이야기를 꺼냈다. "독립운동가를 곁에서 도와주는 것도 독립운동이다." 이를 두 사람이 수락하자 1942년 11월경에 그들은 결혼을 하고 신혼집을 토교(중경 파남구 화계촌)의 한인교회에 차리게 되었다. 당시 차리석의 나이 62세, 홍매영의 나이 30세였다.

중경은 당시 공기오염도 심하고 지저분한 산업화의 과정을 겪고 있었다. 이에 비해 토교는 공기도 상대적으로 맑고 살기에 나은 곳이었다. 1944년 1월 17일에 차리석과 홍매영 사이에서 아이가 태어났다. 임시정부의 아이었다. 학교를 만들고 신민회 활동으로 고초를 견디고 동지들을 찾아 헤매던, 1919년 조국의 독립만을 생각하며 시작한 기약 없는 유랑생활, 끝없는 반목과 혼란에 빠져 있던 임시정부도 어느 정도 자리를 잡아가고 끝나지 않을 것만 같았던 독립

이름 없는 역사

임시정부에서 활동하던 시절의 차리석 선생이 앞줄 왼쪽 끝에 앉아 있다. 앞줄 오른쪽에서 두 번째가 백범 김구이다.

운동도 그 끝이 보이던 무렵에 한 아이가 태어난 것이다.

차리석의 기쁨만큼 평생의 동지인 백범의 기쁨도 컸다. 백범은 직접 아명을 지어주었다. '늙은 동암에게 아들이 생긴 것은 하늘의 축복'이라는 뜻에서 '천복'이라 지었다. 아이는 임시정부의 귀여움을 받고 자랐다. 작명가에게 받아온 이름은 '영조'였다.

아버지는 독립된 조국을 보지 못하고 머나먼 땅에서 마지막을 맞이했다. 어린 아들과 어머니는 귀국길에 올랐다. 조국에 돌아간다 해도 보살펴줄 가족이 있을 리 만무했다. 하지만 그래도 돌아가

4. 임시정부의 영원한 비서장, 차리석

야 했다. 차리석 선생은 유언을 남겼었다.

"조국광복이 되었는데 나는 조국에 갈 수가 없을 것 같다. 젊은 부인에게 짐만 지우고 나는 같이 가지 못해서 미안하다. 내가 같이 가지 못해도 정부건 주변의 누구건 이 아이를 키우는 데 어려움은 없게 할 것이다. 그러니 아이를 데리고 귀국해라."

백범은 귀국 후 경교장에서 임시정부를 이끌고 있었다. 조국은 혼란스러웠다. 좌우의 이념대립과 계급간 갈등이 점점 고조되었다. 새로운 시대, 갑자기 찾아온 자유에 대한 막연한 공포…. 임시정부는 혼란 속에서 침몰하지 않으려 애쓰고 있었다.

어린 아이와 홍매영은 충무로 한미호텔에 임시 수용되었다. 귀국 후에 백범을 찾아가면 된다는 이야기를 여러 번 주변으로부터 들었으나 성격이 강직한 홍매영은 경교장 근처로도 가지 않았다. 어머니는 어디에선가 사과궤짝을 주워왔다. 중경에서 살면서 남겨두었던 얼마 안 되는 푼돈으로 양담배를 사서 길에 놓고 팔고 있었다. 어린 아들의 기억에 당시는 이렇게 남아 있다.

"누군가 단속을 나와서 궤짝을 집어던지면 담배를 주우러 다녔던 기억이 나네요. 당시 양담배를 파는 것은 불법이었지요. 그래도 어떻게 해요. 남편 없는 젊은 여자가 아이를 키우려면 어쩔 수 없었어요. 하루는 큰 책상이 많은 사무실에서 책상 사이로 뛰어다닌 거 같은데 지금 생각해보면 그곳이 중부경찰서였어요. 아마도 단속에 걸려서 어머니와 함께 끌려갔다가 책상 사이에서 놀고 있었나 봅니다."

이름 없는 역사

이런 광경을 누군가 보고 백범에게 전했다고 한다. 백범은 안타까워하면서도 홍매영의 사람 됨됨이를 잘 알고 있었다. "그분이 내가 오라 해서 올 분도 아니고 성격이 강직해서 누구에게 의지하려 하는 분이 아니다. 나도 마음의 부담을 많이 가지고 있다." 물론 홍매영도 아들에게 이렇게 말했다고 한다. "행여 내가 어린 자식 핑계대고 찾아가면 어린 자식을 앞세워서 돈이나 뜯으러 다니는 사람으로 보이지 않겠냐. 나는 아직 젊고 일을 할 수 있으니 내가 알아서 해 나가겠다."

1948년, 김구의 마음은 다급해졌다. 중국의 정세가 공산당 쪽으로 기울어가고 있었기 때문에 시간을 더 지체했다가는 차리석의 유해를 모셔올 수 없다는 걱정이 들었다. 남한에서 북한을 넘어가는 길도 막히고 있다. 평생의 동지를 데려올 수 없다면 그 죄스러운 마음을 어찌 다 갚을 수 있을까. 차리석은 광복된 후 3년 만에 조국의 품으로 돌아올 수 있었다.

고국으로 돌아온 동암을 기리기 위해 1948년 9월 1일 유해 봉안위원회가 만들어졌다. 위원장은 당시 부통령 이시영이었다. 김구와 여러 임시정부 동지들도 봉안위원을 맡았다. 1948년 9월 22일 휘문중학교에서 열린 동암의 장례는 사회장으로 진행되었다. 백범은 동암의 마지막 가는 길을 추모했다.

"차리석 선생은 해외 혁명운동자 가운데에서도 특히 강력한 정신력을 소유하기로 유명하시었다. 탁월한 사무 처리의 기능이나

4. 임시정부의 영원한 비서장, 차리석

병중에서도 최후 일각까지 맡으신 사명을 완수한 건강한 책임감은 한국 독립운동에 피와 살이 되었다 해도 과언이 아니다."

평생의 동지를 보내는 백범의 목소리는 동지들에게도 큰 울림을 주었다. 그리고 그렇게 바라던 독립된 조국의 모습을 미처 보지 못한 동암은 효창공원으로 향했다. 동암은 이동녕 선생과 함께 효창공원에 안장되었다.

▬▬ 아버지의 이름을 부르지 못했던 시절

돌아온 조국. 아버지가 없는 조국에서 차영조를 맞이하는 곳은 없었다. 몸 뉘일 몇 평의 땅도 없는 조국이었다. 아직 물정을 모르는 어린 아이는 홀로 남은 어머니의 손만 놓지 않고 있을 뿐이었다.

동암의 아들 차영조 선생은 당시 부의금을 기억했다.

"이승만이 일만 원을 냈고 김구 선생은 이만 원을 냈어. 당시 국회의원들은 오백원 혹은 삼백 원을 냈지."

기억은 정확했다. 여러 번 되물어도 같은 대답이 되돌아왔다.

"그 비용들을 합쳐보니 대략 80만 원 정도였어. 당시 장례는 사회장으로 치러졌으니 아마 비용은 들지 않았을 거야. 부의금은 유족에게 오는 것으로 알고 있었으나 어머니에게는 전혀 전달되지 않았지."

이름 없는 역사

아쉬움이 담겨 있는 대답은 아니었다. 그저 그때를 기억할 뿐이다. 이제 남아 있는 사람도 없지 않은가.

"당시 왔던 분들을 기재해놓은 부의록을 얼마 전(약 10년 전)에 입수했는데 유족에게 전달된 것은 전혀 없었네. 물론 이 사실을 백범은 모르셨을 거야. 백범께서 아셨다면 그렇게 일을 처리하시지 않았을 테지."

홍매영 여사는 광주리 행상을 하셨다. 그러다가 쓰러지고 말았다. 혼자 아이를 키운다는 것은 상상 이상으로 어려운 일이다. 그래도 먹고는 살아야 했다. 차영조의 나이 불과 13살 때의 일이다.

"내가 직접 아이스케키 통을 매고 나가서 아이스케키를 팔기도 했지. 여관에서 조바(심부름꾼)로 일하고, 식당에서 일하고 하다 보니 교육을 받지 못한 것이 한으로 남았어. 그래도 어머니는 늘 아버지를 자랑스러워 하셨어. 원망을 할 법한 데도 말이지."

역사는 잔혹했다. 해방이 되면 독립운동을 했던 사람들이 다 잘사는 줄 알았다. 대가를 바라고 싸운 이들은 아니었다. 옳다고 믿는 일을 위해 가족을 제대로 보살피지 못한 채 혹독한 운명을 견디며 마침내 맞이한 해방조국이 아닌가. 그러나 현실은 잔혹했다.

"해방은 우리 것이어야 하는데 오히려 친일 반민족 부역자들이 해방을 만났지. 광복되고 전부 잡아넣었어야 하는데 다 사면되고 오히려 진급을 하기도 했지. 일제에 아부하며 백성들 탄압하러 다니던 이들이 말이야. 참 한심한 세상이었지. 반민특위의 실패가 나라를

4. 임시정부의 영원한 비서장, 차리석

온전치 못하게 만든거야."

1949년 6월 26일, 백범이 안두희의 흉탄에 스러졌다. 임시정부에서 함께했던 동지들은 암살의 공포를 피해 어디론가 다시 숨어야 했다. 아버지가 임시정부에서 김구의 비서장을 했던 어린 차영조에게도 가혹한 현실이 다가왔다. 차영조의 어머니는 아들의 성을 바꾸기로 했다. 공포의 시대였다. 차영조는 원래 성인 차(車)씨에서 한 획이 빠진 신(申)씨로 바뀌어 학교를 다녔다. 평생 독립운동을 한 아버지의 이름을 당당히 부를 수 없는 시대였다. 차영조는 19살 때까지 신영조로 살았다. 아버지를 잃은 것도 모자라 아버지를 부정해야 하는 아이러니한 시대였다.

차리석의 아들은 평생 아버지를 그리워했다. 그래서일까. 아버지가 잠들어 있는 효창공원을 떠나지 못한다. 그는 평생 동안 아버지가 잠들어 있는 효창공원 격상에 대해 말해왔다.

"나는 이제 내가 할 수 있는 만큼은 다 한 것 같아. 이제는 실천가능한 사람들에게 부탁을 하고 싶어. 효창공원은 그냥 공원이 아니야. 이곳은 대한민국 임시정부의 정신이 계승되어 있는 곳이고 그분들의 역사가 오롯이 숨쉬는 곳이야. 물론 공원 주변에 살고 있는 주민들에게 정치하는 사람들이 오해를 살만한 이야기를 많이 해서 반대가 있기도 했어. 사람들은 이곳이 국가에서 관리하는 국립묘지화가 되면 무덤이 많아지고 혐오시설이 되는 줄 알고 있어. 실제로는 그냥 의미(관리에 대한 권한)만 격상하는 건데. 정치인들이 표를

이름 없는 역사

차리석 선생의 아들
차영조 선생이 백범 기념관에서
아버지의 이야기를 하고 있다.
© 성민준

얻기 위해 이상한 방향으로 말을 해놔서 오해가 생겨났어."

　　서울 용산구 도심 주택가 한가운데 있는 효창운동장은 그 용
도의 효용성에 대한 의문도 있지만 운동장을 둘러싸고 있는 지역과
의 심한 이질감을 안고 벌써 몇 십 년을 지내왔다. 일제 강점기에 한
반도의 혈맥에 박힌 쇠말뚝을 보는 느낌이었다.

　　동암의 아들이자 임시정부의 아이였던 차영조 선생. 그는 지
금도 시간이 날 때마다 효창공원에 모셔진 아버지를 찾아뵙는다. 광
복을 맞이했지만 임시정부 인사들과 함께 고국으로 돌아오지 못하
고 이역만리 중국 땅에 외롭게 묻히셨던 아버지가 이제는 외롭지 않
으면 좋겠다는 바람 때문이다.

　　"기억이 가물가물한 어렸을 적 그때도 마찬가지고 지금도 마
찬가지지. 평생 독립운동 한 아버지를 존경하고 살지만 나도 기본적
인 교육만 받았다면 지금의 한은 생기지 않았을 것이야. 대단한 바

람도 아니지. 남들 다니는 학교 정도만 다녔으면 누구도 원망하지는 않았을 텐데. 그것조차 이루어지지 않아서 한으로 남아 있는 거지."

아버지는 평생을 빼앗긴 조국을 위해 살아왔다. 그리고 지금 그의 아들 '임시정부의 아이'는 아버지가 잠들어 있는 빼앗긴 효창원을 지키며 살고 있다.

이름 없는 역사

이름
없는
역사

거국가(去國歌)
간다 간다 나는 간다 너를 두고 나는 간다
잠시 뜻을 얻었노라 까불대는 이 시운(時運)이
나의 등을 내밀어서 너를 떠나가게 하니
간다 한들 영 갈소냐 나의 사랑 한반도(韓半島)야

5

죽어서도
함께하지 못한
김원봉의 아내,
박차정

▅▅▅ 약산 김원봉을 기다리는
무덤 하나

　밀양시 어귀 인적 드문 낮은 언덕을 오르니 오래된 묘 하나
가 있다. 그 묘는 밀양 시내 어딘가를 향해 바라보고 있다. 그곳은 돌
아오지 못한 독립운동가 약산 김원봉이 나고 자란 마을이다. 돌아오
지 못하는 김원봉을 기다리는 오래된 묘의 주인은 바로 약산의 아내
이자 영원한 동지인 박차정(1910~1944년) 의사이다.

　박차정은 1910년 5월 9일 경남 동래 복천동 417번지에서
아버지 박용한과 어머니 김맹련 사이에서 3남 2녀중 넷째로 태어났
다. 당시 대한제국의 운명은 이미 기울어버렸고, 일제는 조선에 대
한 식민지 지배의 야욕을 노골적으로 드러내고 있었다. 얼마 뒤 조

선은 경술국치로 인해 국권을 완전히 빼앗겼고, 민족의 좌절이 시작되었다.

당시 부산지역은 이미 진주했던 일본인들과 식민지 수탈을 시작한 일제의 정책(토지 약탈, 민족자본 통제, 조선민족의 고유 행사 금지)으로 일본에 대한 반감이 팽배해 있었다. 특히 약탈의 규모와 속도가 가장 빨랐던 부산지역에서의 반일 반식민지 감정은 다른 지역에 비해 강할 수밖에 없었다. 일본이 차근차근 준비하던 대륙으로의 진출, 이에 필요한 많은 양의 군수물자와 병력의 이동이 부산에서 유독 눈에 띄었을 것이다.

박차정의 집안은 민족의식이 매우 강했다. 박차정의 민족주의적 사고와 노동자 친화적 활동은 집안의 분위기와 밀접한 관련이 있지 않았을까. 박차정의 아버지 박용한은 일제의 침탈이 가속화되던 1918년 1월 일제의 무단통치에 좌절과 분노를 느끼며 유서를 남기고 자결했다. 남편이 사라진 이후 남은 5남매를 홀로 떠맡은 박차정의 어머니는 어려움을 이기고 5남매를 삯바느질을 하며 훌륭하게 키워낸다. 박차정의 외가 역시 기장면의 명문 집안으로 사회주의 계열에서 활발히 활동하던 김약수, 김두봉과 육촌관계였다. 김약수, 김두봉은 의열단 단장 김원봉과 함께 항일 투쟁사에서 많은 업적을 남긴 인물들이다. 박차정은 어릴 때부터 이렇게 민족주의와 사회주의를 앞장서서 외치던 가계의 영향을 받으며 자라왔다.

5. 죽어서도 함께하지 못한 김원봉의 아내, 박차정

박차정 의사와 약산 김원봉 선생의
결혼기념 사신(출처 : 독립기념관)

　　박차정의 오빠였던 박문희는 1910년대에 동래사립고등보통
학교에 입학 후 동맹휴학을 주도했고, 이후 항일 학생운동에 투신하
여 서울에 있는 경성신학교를 졸업한 뒤 활동을 이어갔다. 1920년대
에는 동래에서 '동래청년연맹' '신간회 동래지회' 등의 조직 결성에
주도적 역할을 했고, 1930년대에는 의열단 단원으로 활동하면서 국
내외에서 많은 일을 수행하였다. 이후 일경에 체포되고 출옥한 뒤에
는 해방 전까지 동아일보 지국장을 맡아 끊임없는 항일운동을 전개
했다. 둘째 오빠 박문호 역시 '동래청년연맹' '신간회' 회원으로 활동
하다 북경으로 밀입국하여 북경화북대학을 수료, 이후 의열단에 들
어가 의열단원으로 활동하다가 체포되어 서대문 경찰서에서 1934년
옥사했다.(《여성조선의용군 박차정 의사》(강대민 지음) 참고)

이름 없는 역사

부산 여성 운동에 참여하다

박차정은 1925년 동래일신여학교 고등과에 입학했다. 박차정이 입학할 무렵 이 학교는 학생들이 주도하는 항일행동과 의식이 널리 퍼져 있었다. 일신여학교는 부산지방의 여성운동의 상징이며 핵심이었다. 그리고 당시 동래에 있던 동래청년회관은 같은 뜻을 지닌 젊은이들이 자주 모이는 공간이었다. 이곳에서 경남의 청년들은 일제에 대항하는 여러 가지 행사를 계획하고 실행을 준비하기도 했다.

일신여학교 재학생이었던 박차정은 이때 직접 늙은 노파로 분장을 하고 학생들 집을 돌아다니면서 동맹휴업을 주도하기도 했다. 분장을 하고 준비해야 할 만큼 학교와 일경의 감시는 엄했다. 박차정은 그러한 위험을 알고도 항일운동에 뛰어들었다. 그녀는 학생 때부터 이미 대중투쟁에 대한 자신감과 의지가 남달랐고, 당시의 시대상황과 민족의 열망을 담은 자전적 소설과 시를 준비한 적도 있었지만 '여러 길을 동시에 갈수는 없다'는 생각에 작가의 길을 포기한다. 그가 선택한 길은 민족해방과 일제 타도라는 험난한 길이었다.

박차정은 여러 단체에서 활동한 것으로 전해지고 있으나 실제 사료에 나와 있는 단체로는 '근우회 동래지회'가 가장 확실하다. 미주독립신문과 공판기록 그리고 각종 신문의 기사에서 나오는 내용을 바탕으로 그녀가 활동했을 것으로 추정되는 단체는 근우회 말고도 '동래청년동맹' '동래노동조합' '신간회동래지회' 등이 있다. 명단에는 올라와 있지 않지만 당시 박차정에게 여러 활동과 사상적 조언을 해주었던 5촌 당숙 박일형의 활동 근거를 통해 추정해보면 박차정 역시 같은 단체에서 활동했을 개연성이 매우 크다.

　　동래여성청년회는 1927년 5월, 국내 민족주의 계열과 사회주의 계열의 운동에 참여하던 여성들의 민족운동단체인 '근우회'가 세력 확장을 위해 전국단위의 지회를 결성하는 것으로부터 출발한다. 근우회 동래지회는 이후 해체될 때까지 여성교양운동과 노동운동에 매진했다. 최초 근우회에는 김활란, 주세죽, 허정숙, 이현경 등여러 단위의 여성운동가들이 참여하였으나 1930년에 벌어진 근우회사건(여학생 만세지도사건)으로 사회주의 계열이 이탈하고 잇달아 여성해방과 계급투쟁 노선, 민족해방에 대한 이견이 좁혀지지 않으면서 기독교 계열의 김활란, 최은희 등이 이탈했다. 이후 근우회는 사회주의 계열 운동가들이 주도하는 모양새가 되었다. 이는 여성해방과 운동의 통일이라는 본래의 취지에서도 벗어난 일이라 근우회가더 이상 대중운동을 이끌어 갈 수 없는 한계점을 보여주는 사건이었다. 그러나 근우회가 최초 태동할 때 추구한 여성해방운동의 시도와그 가치는 매우 뜻깊은 일이라는 평가를 받는다. 특히 '근우회 선언서'는 조선의 자매들에게 울렸던 여성 해방운동의 사이렌이었다.

　　　　　　　　　　　　　　　　　　　이름 없는 역사

근우회 선언서

"역사 있는 후로부터 지금가지 인류사회에는 다종다양의 모순과 대립의 관계가 성립되었다. 유동무상하는 인간관계는 시대에 다라서 혹은 이 부류에 유리하게, 혹은 저 부류에 유리하게, 혹은 저 부류에 불리하게 되었나니, 불리한 처지에 서게 된 민중은 그 시대의 사회적 서러움을 한껏 받았다. 우리 여성은 각 시대를 통하여 가장 불리한 지위에 서 있어왔다.

사회의 모순은 현대에 이르러 대규모화하였으며 절정에 달하였다. 사람과 사람의 사이에는 인정과 의리의 정열은 최후 잔사도 남지 아니하고 물질적 이욕이 전 인류를 모두 상벌의 수라장에 들어가게 하였다. 전쟁의 화는 갈수록 참담해가고 광대하여가고 빈궁과 죄악은 극도에 달하였다.

이 시대의 여성의 지위에는 비록 부분적 향상이 있었다 할지라도 그것은 환상의 일편에 불과하다. 미처 청산되지 못한 구시대의 유물이 오히려 유력하게 남아 있는 그 위에 현대적 고통이 겹겹이 가하여졌다.

그런데 조선여성을 불리하게 하는 각종의 불합리는 그 본질에 있어 조선사회 전체를 괴롭게 하는 그것과 연락된 것이며 일보를 진하여는 전 세계의 불합리와 의존합류된 것이니 모든 문제는 이제 서로 관련되어 따로따로이 성취될 수 없게 되었다. 억울한 인류가 다 한 가지 새 생활을 개척하기 위하여 분투하지 아니

5. 죽어서도 함께하지 못한 김원봉의 아내, 박차정

하면 아니 되게 되었으며 또 역사는 그 분투의 필연적 승리를 약속하여주고 있다.

조선 여성운동의 진정한 의의는 오직 여사한 역사적, 사회적 배경의 이해에 의하여서만 비로소 파악될 수 있는 것이니 우리의 역할은 결코 편협하게 국한될 것이다. 우리가 우리 자신의 해방을 위하여 분투하는 것은 동시에 조선사회 전체를 위하여 나아가서는 세계인류 전체를 위하여 분투하게 되는 행동이 되지 아니하면 아니 된다.

(2행 삭제 당함) 그러나 일반만을 고조하여 특수를 지각하여서는 아니 된다. 고로 우리는 조선운동을 전개함에 있어서 조선의 모든 특수점을 고려하여 여성 따로의 전체적 기관을 가지게 되었나니 여사한 조직으로서만 능히 현재의 조선 여성운동을 세계 사정 및 조선 사정에 의하여, 또 조선여성의 성숙 정도에 의하여 바야흐로 중대한 계단으로 진전하였다.

부분적으로 분류되어 있던 운동이 전선적 협동전선으로 조직된다. 여성의 각층에 공동되는 당면의 운동목표가 발견되고 운동방침이 결정된다. 그리하여 운동은 비로소 광범하고 또 유력하게 발전될 수 있게 되었다. 이 단계에 있어서 모든 분열정신을 극북하고 우리의 협동정신으로 하여금 더욱더욱 공고하게 하는 것이 조선여성의 의무이다.

조선여성에게 얽혀져 있는 각종의 불합리는 일반적으로 요약하

이름 없는 역사

면 봉건적 유물과 현대적 모순이니 이 양시대적 불합리에 대하여 투쟁함에 있어 조선여성의 사이에는 큰 불합리가 있을 리가 없다. 오직 반동층에 속하는 여성만이 이 투쟁에 있어서 회피, 낙오할 것이다. 근우회는 이러한 견지에서 사업을 전개하려 하는 것을 선언하나니 우리의 앞길이 여하히 험악할지라도 우리는 일천만 자매의 힘으로써 우리의 역사적 임무를 수행하려 한다.

여자는 벌써 약자가 아니다. 여성 스스로 해방하는 날 세계가 해방할 것이다. 조선자매들아, 단결하자!

– 《사료로 보는 20세기 한국사》(김삼웅 지음)에서 재인용

근우회 동래지회의 창립 초기 명단에는 박차정의 이름이 없다. 당시 박차정은 동래여학교의 학생 신분이었기 때문이다. 박차정은 졸업 이후 근우회의 핵심인물이 되어 활동을 주도했다. 박차정은 당시 광주학생운동의 연장으로 서울에서 '여학생시위운동'을 이끌었다.

당시 서울에서 이틀 동안 시내에 있는 학교에 격문이 뿌려지고 학생들은 만세시위를 진행했다. 〈조선일보〉 1929년 12월 4일자 기사에는 박차정이 신간회 소속이었던 오빠 박문희와 함께 일경에 체포되었다가 풀려난 것으로 나와 있다. 1930년 1월 15일 11개 학교(이화여고보교, 동덕여고보, 배화여고보, 정신여학교, 경성여자상업학교, 근화여학교, 실천여학교, 숙명여고보교, 여자미술학교, 진명여고보교, 경성

5. 죽어서도 함께하지 못한 김원봉의 아내, 박차정

부산시 금정구 금정문화회관에 박차정 의사의 동상이 세워져 있다.(출처 : 금정구청)

여고보)가 연합하여 '광주학생석방만세' '약소민족만세' 등의 구호를
외치며 격문을 뿌렸다.

　　일경은 바로 근우회를 배후세력으로 지목하고 검거에·나섰
다. 이때 박차정, 정종명, 허정숙 등을 검거하여 구속했는데, 박차정
과 허정숙의 죄목은 보안법위반이었다. 박차정은 얼마 뒤 서대문 형
무소에서 병보석으로 나오게 되지만 이듬해 2월 동래에서 다시 검
거 당한다. 이후 3차에 걸친 심문 끝에 기소당하지 않고 풀려나오게
되지만, 박차정은 두 번의 구금상태에서 당한 고문으로 인해 건강이

　　　　　　　　　　　　　　　　이름 없는 역사

급격히 악화되었다. 이때 당한 고문으로 박차정은 아이를 가질 수 없는 몸이 되어버렸다. 일제의 고문은 정신과 육체를 피폐하게 만드는 공포 그 자체였다.

═══ 중국으로 건너가 의열단원이 되다

몸과 마음을 크게 다친 박차정은 서울 큰오빠의 집에서 요양하고 있었다. 이때 중국에서 의열단 활동을 하고 있던 둘째 오빠의 연락을 받고는 국내에서의 활동은 더 이상 무의미하다는 판단을 내리고 오빠가 있는 중국으로 망명한다. 오빠들은 박차정을 무사히 중국으로 보내기 위한 계획을 짰고, 둘째 오빠 박문호는 서울로 사람을 보내 박차정이 무사히 중국으로 올 수 있도록 자금을 준비했다.

1930년 2월 22일 저녁, 서울역에서 기차를 타고 인천으로 간 박차정은 중국으로 가는 정기선에 오르게 된다. 이 배는 상하이를 거쳐 베이징에 도착했고, 박차정은 무사히 오빠와 외당숙 김두봉을 만나게 된다. 박차정과 의열단의 만남이 무사히 이루어진 것이다. 박차정은 의열단의 김원봉이 주도하는 레닌 정치학교에 참여했다. 그리고 박차정의 국내에서의 활동과 그녀의 투쟁의지를 의열단 역시 인정했고 그녀에게 의열단과 많은 일을 함께할 것을 제안했다. 그렇게 열성적으로 의열단의 활동을 이어가던 박차정은 의열단 단장

5. 죽어서도 함께하지 못한 김원봉의 아내, 박차정

이었던 김원봉과 1931년 3월 결혼했다. 그것은 남녀로서의 만남이기도 했지만 김원봉과 박차정, 박차정과 김원봉 두 혁명가의 동지적 우애와 의지이기도 했다.

레닌 정치학교는 운영에 난항을 겪었다. 그리고 만주사변, 운영자금 고갈 등 여러 가지 악재가 겹치자 박차정은 남편 김원봉을 따라서 남경으로 이동했다. 그곳에서 의열단은 투쟁노선과 교육과정을 재정비해야 했다. 의열단은 국민당 정부의 지원을 받아 새로운 학교를 운영하게 된다. 자금을 비롯한 여타의 도움을 받긴 했지만 이 단체는 의열단 단독으로 운영하는 단체로 만들어졌다. 의열단 단장 김원봉이 중국 장개석의 지원으로 만든 이 학교의 명칭은 '조선혁명군사정치간부학교'. 이 학교는 '한국의 절대독립' '만주국의 탈환'을 목표로 두고 요인암살, 노동농민층 혁명준비 공작, 특무 활동 전개, 만주항일단체와의 제휴 등 단독적이고 특수한 임무를 수행할 군사간부를 양성하기 위한 것이었다. 의열단은 이 간부학교를 1932년 10월부터 1935년 9월까지 3년간 운영했다. 교장은 김원봉. 훈련은 보안을 이유로 남경 외각의 사찰에서 이루어졌다.

박차정도 이 학교에서 임철애, 임철산 등의 가명을 쓰며 여자부 교관으로 근무했다. 그런데 교관 명단이나 편제에 관한 사료에 보면 '간부학교'에는 여자부가 별도로 편성되어 있지는 않았다. 사료에 근거하여 판단해보면 박차정은 '여자부 교관'이 아니라 '여자 교관'이었으며, 담당했던 분야 역시 일반 군사, 정치과목이 아닌 단체

이름 없는 역사

생활수칙이나 혁명정신 등 생도들의 정신교육을 담당하는 쪽이었고, 이후 박차정은 대 선전전 투쟁이나 연락 공작에 주로 꾄여하게 된다. 박차정은 이 간부학교의 교가도 만들었다고 전해진다. 간부학교 학생들이 주로 불렀던 교가나 군가는 정확하게 작사 작곡자가 전해지지는 않지만 박차정이 그동안 보여준 문학적 소양과 적극적인 참여 자세로 미루어 짐작하건대 개연성은 충분하다.

1930년, 지루하게 흘러가던 항일투쟁에도 새로운 변화가 필요했다. 수많은 노선과 단위로 나뉜 항일독립투쟁 정당들이 큰 뜻에서 하나로 뭉쳐 힘을 모아보자는 분위기가 조성되었다. 더 이상 갈등으로 힘을 낭비해서는 안 된다는 절박함 때문이었다. 그러나 겉으로 드러나 활동하는 단체들은 연락기구나 선전용 간판으로 활용되는 경우가 많았고 무력투쟁을 중심으로 하는 단체들은 수면 위로 떠오르는 것을 꺼려했다. 그 때 언제나 조국의 통일을 위해서라면 노선투쟁 따위는 중요치 않다고 외쳐왔던 의열단의 김원봉이 앞에 나섰다. 단순히 단위들이 결합하는 통일동맹 수준의 결합이 아닌 더 큰 목표 아래에서 민족해방의 길로 함께 나아가는 대동의 길을 꿈꾸고 있었던 것이다.

1935년 6월 20일 의열단, 조선혁명당, 한국독립당, 신한독립당, 재미대한독립단, 뉴욕대한민단 등 9개 단체 18명의 대표들이 남경에 모였다. 이들은 금릉대학강당에서 여러 번의 논의를 거친 끝에 7월5일 민족혁명당을 창당했다. 물론 모든 독립운동 단체가 동참한

5. 죽어서도 함께하지 못한 김원봉의 아내, 박차정

것은 아니었다. 김구의 한국국민당은 참여하지 않았다. 조소앙 계열은 만주로 돌아가 한국독립당을 재건하려 하고 있었다. 그러나 만주로부터 유입된 새로운 인력들과 의열단과 뜻을 같이 하는 이들이 모였고, 민족혁명당은 계속해서 의열단 산하의 군사학교에서 새로운 전투인력을 배출했다.

박차정 역시 민혁당이 창당되자 부녀부 주임의 직함을 가지고 적극적으로 참여했다. 박차정이 속한 부녀회의 임무는 당원 가족의 규합을 통한 안정적 당 운영과 여성해방의 기치를 올리는 것이었다.

1937년 7월 11일 중일전쟁이 발발했다. 중국 내에 있던 한국 독립운동 단체들도 새로이 단위를 정비했다. 크게 두 가지 갈래로 나뉘게 되는데, 한곳은 김구가 중심이 되는 '광복연합회'였고, 다른 한곳은 김원봉의 '민족전선'이었다. 두 갈래의 단체는 다르면서도 큰 길에서는 함께 가는 모습도 보여주었다.

박차정은 이때 임시정부에 특사로 파견되어 라디오 방송을 진행하기도 하고 '조선민족전선'에 글을 기고하여 일본제국주의의 모순과 해방의 길에 대한 주장을 펴기도 했다. 식민지 치하의 여성들이 착취당하는 현실을 고발하고 민족해방을 통한 세계평화와 조국의 자유회복에 대한 글을 기고했다. 그녀의 글은 많은 이들의 호응을 얻을 만큼 논리적이었다. 민족전선은 계속해서 기관지를 만들어 그녀의 글을 게재했다.

민족전선은 중국의 지원을 받아 독립적인 부대를 운용했다.

이름 없는 역사

일본군과 교전 중
부상당한 후 그 후유증으로
숨진 박차정 의사의 장례식
(출처 : 국가보훈처)

이 부대에서 박차정은 부녀복무단을 맡아 의용대원들의 물품공급, 가족들의 소식 전달, 대원들의 사기진작을 위한 표어, 팸플릿 작업 등을 수행했다.

1939년 말부터 김원봉이 이끄는 조선의용대는 전선을 이동시키기 위해 부대를 차례로 북상시킨다. 2월 곤륜산(중국에는 공식적으로 곤륜산이라는 지명이 없다. 아마도 곤륜산맥 어귀에서 벌어진 전투를 곤륜산 전투라고 칭하는 듯하다)에서 벌어진 일본군과의 전투 도중 적의 진지 앞에서 메가폰을 들고 선전 활동을 하던 박차정은 큰 부상을 입었다. 그리고 그 부상이 악화된 끝에 박차정은 결국 조국광복을 눈앞에 둔 1944년 5월 27일 세상을 떠났다. 그녀의 유해는 잠시 중경의 공동묘지에 안치되었다가 그의 남편 김원봉이 남한으로 돌아올 때 유골과 피 묻은 군복, 군모와 함께 유족들에게 전달되었고 박차정은 남편이었던 김원봉의 고향 밀양 감천동 뒷산에 묻혔다.

5. 죽어서도 함께하지 못한 김원봉의 아내, 박차정

김원봉은 1948년 월북 후 1958년 북한에서 숙청되었다. 박차정은 사회주의 계열에서 독립운동을 해왔기 때문에 공적을 바로 인정받지 못하고 있다가 1995년 건국훈장 독립장이 추서되었다.

━━ 그의 이름을 기억하는 사람들

2015년 겨울, 의열단의 고장인 밀양으로 의열단원들의 흔적을 찾아 나섰다. 이름이 남아 있는 의열단원들이 가장 많이 배출된 고장, 밀양. 밀양은 작은 도시다. 따로 길을 찾는 수고를 더하지 않더라도 금세 밀양의 독립운동가들을 기념하는 해천길을 만날 수 있었다. 지자체에서 별도의 관리를 해온 듯하다. 작은 개울을 사이에 두고 밀양의 독립운동가들의 공적과 그들의 이야기를 그린 벽화들이 개울 양쪽으로 빼곡히 그려져 있었다.

개울의 시작 지점에 나라 잃은 슬픔과 분노를 이야기하는 공간이 있었다. 한쪽 개울가를 따라 내려가다 보니 낮은 건물들이 서 있는 자리에 20여 평 쯤 되어 보이는 빈 공터가 보였다. '의열단 윤세주의 집 터'라는 작은 안내 표지가 서 있다. 동네를 잘 알거나 꼼꼼하게 찾아보지 않으면 볼 수 없는 곳이다. 빈터는 공허하게도 마른풀만 자리를 지키고 있었다. 사실 기념할만한 건물이나 표식이 들어오기도 어려운 곳이다. 기껏해야 초가집 하나 들어올 만한 자리다.

이름 없는 역사

그나마 예전에는 더욱더 황량한 집터였는데 지자체에서 정비를 위해 자리를 비운듯하다. 그 집터 옆 작은 건물 하나 건너 또다시 황량하게 비어 있는 집터가 나온다. 김원봉의 집터이다.

윤세주의 친구, 김원봉. 김원봉의 친구, 윤세주. 의열단을 이끌던 독립투사들은 한 동네 친구들이었다. 이 작은 개울가 사이에 놓여 있는 작고 쓸쓸한 집터 두 곳. 일제에 항거하여 싸운 조선 제일의 무장독립단체 의열단의 시작이었으나 지금은 흔적으로만 남아 집터조차 찾기 쉽지 않다. 의열단 창단 멤버 13명 중 5명이 이 작은 해천 주변에서 나고 자란 밀양 사람들이다. 의열단뿐 아니라 이 작은 도시 밀양에서 나고 자라서 일제에 항거하여 불같이 일어난 밀양 사람들의 기념 위패가 그려져 있다. 강덕수, 강인수, 고인덕, 손경헌, 윤치형, 최수봉, 한봉삼, 윤세주, 황상규. 그렇게 나열된 70여 명 모두가 애족장, 대통령표창, 애국장 등 서훈을 받았다.

그리고 그 위패의 맨 하단 오른쪽 끝에 김원봉의 이름이 보인다. 임시정부 군무부장, 조선의용대 총대장, 의열단 단장이라고 직책이 나열되어 있는 위패가 있다. 아무런 공훈이 남아 있지 않은 반쪽짜리 위패다. 사회주의 계열의 활동과 해방 후 북으로 넘어갔다는 이유 때문일까. 대한민국은 여전히 김원봉을 인정하지 않고 있다. 김원봉이 월북을 택할 수밖에 없었던 시대적 상황은 고려치 않고 오로지 김원봉의 행적 탓으로 그는 서훈을 받지 못했다.

끊임없이 죽음의 길을 넘어 다니면서도 '오직 해방조국의 앞

5. 죽어서도 함께하지 못한 김원봉의 아내, 박차정

날을 위해' 싸워왔던 김원봉. 해방 후 아무도 환영해주지 않았던 쓸쓸한 귀국길. 귀국 이후 찬탁을 해서라도 이 민족의 통일을 위해 하나로 합쳐야 한다고 주장했던 김원봉. 결국 그는 남과 북 어느 쪽에서도 손을 잡아주지 않았다. 악질 친일경찰 노덕술에게 치욕을 당하고 삼일 밤낮 곡기를 끊고 울고 울다가 그는 북으로 사라졌다. 그는 우리나라에서는 공산주의자로, 북한에서는 소련파에 대항하는 숙청 대상으로 남과 북 어느 쪽에서도 인정받지 못하고 그저 쓸쓸히 죽음을 맞이했다.(2018년 현재 김원봉의 집터에는 기념관이 건립되어 있다)

이번에는 김원봉이 사랑했던 여자, 박차정의 흔적을 찾아가 본다. 밀양의 작은 거리 해천을 뒤로 하고 밀양의 외곽으로 차를 돌린다. 박차정의 묘소는 안내받을 길이 없다. 그저 물어물어 찾아가는 수밖에 없었다. 밀양 외곽 언덕배기 근처 농로를 지나 농로의 끝에서 '박차정의 묘소 가는 길'이라고 적힌 작은 팻말을 만났다. 해가 지고 어둠이 내려오는 시간이라 더욱더 스산하게 느껴졌다. 표식을 지나 낮은 언덕을 올라간다. 비석 하나 없는 무덤들이 여기저기 흩어져 있다. 마치 무연고 무덤을 방치해 놓은 듯한 메마름이 느껴지는 언덕이다.

언덕을 거의 다 올라왔을 즈음, 언덕 끝자락 나무 밑에 묘 하나가 보인다. 아이 허리춤 높이의 작은 비석이 보인다. '약산 김원봉 장군의 처 박차정 여사의 묘'라고 적힌 비석은 흙바람 탓인지 글씨만 처연하게 남아 있다. 이 비석 역시 조국의 독립을 위해 싸운 박차

이름 없는 역사

정 의사를 기리기 위해 국가에서 정비한 것이 아니라 박차정의 모교인 동래여고 후배들이 사비를 털어서 세운 것이라고 한다. 우리보다 앞서 박차정의 이름을 찾아왔던 이가 있었나보다. 이 모진 겨울에도 꽃처럼 계시라고 붉은색과 노란색의 조화가 몇 송이 놓여 있었다.

서슬 퍼런 일제 강점기에 겨울에 피는 꽃처럼 향기를 피우며 조국의 미래를 위해 싸웠던 여자. 차별과 압제의 시절을 뜨거운 가슴으로 이겨내며 살아갔던 여자. 박차정은 이 꽃처럼 영원히 지지 않는 꽃이어야 했다.

남편 약산 김원봉이 나고 자란 마을이 내려다보이는 곳에 묻힌 박차정. 약산은 동지 박차정의 이루지 못한 꿈을 대신 이루고 싶었나보다. 34세의 짧은 생. 꽃처럼 살다간 박차정. 그녀는 사랑했던 사람 약산이 어린 시절부터 맑고 뜨거운 꿈을 꾸었던 해천을 바라보며 영원히 시들지 않는 꽃처럼 밀양 그 어귀에 잠들어 있다.

6

대한민국
임시정부 경위대장,
윤경빈

━━ 어느 날 들려온
윤경빈 선생의 서거 소식

윤경빈(1919~2018년) 선생께서 서거하셨다는 소식을 들었다. 갑작스런 소식에 나는 윤경빈 선생께 한없이 죄송하고 안타까운 마음뿐이었다. 뵐 때마다 늘 정정하셨기에 언제든 다시 뵙고 좋은 말씀을 들을 수 있으리라 생각했다. 행사장에서도 늘 논리적이고 시대정신이 담겨 있는 말씀을 전해주시던 그 모습이 아직도 눈에 선하다. 독립운동사를 관통하는 크고 작은 이야기들을 늘 귀담아 듣곤 했다. 장준하 선생과의 인연에 대한 이야기를 들을 때는 시간 가는 줄 모르고 넋을 놓았었다. 하지만 이제 다시는 뵐 수 없는 역사 속 인물이 되어버렸다. 자주 찾아뵙지 못한 나의 게으름에 윤경빈 선생

이름 없는 역사

의 서거 소식은 죽비처럼 정수리에 내리꽂혔다.

역사는 기록으로 남아야 후세에 전해지고 장구한 생명력을 얻는다. 역사를 외면하고 기록에 게으른 민족의 미래는 어두울 수밖에 없다. 수많은 외세의 침입을 끊임없이 받았고 나라 잃은 설움을 36년이나 겪은 우리는 더욱 역사를 기록하는 일에 소홀히 해서는 안 된다. 윤경빈 선생의 말씀을 더 많은 기록으로 남기지 못한 나의 어리석음을 질책하며 기억을 더듬어 역사의 한 페이지를 채우고자 한다.

━━ 일본군에
강제 징집되다

대한민국의 역사는 탄생 전부터 오욕의 길을 걸어왔다. 조선왕조의 몰락과 대한제국의 시작, 그러나 외세에 이미 고개를 숙여버린 제국의 짧은 역사는 식민지의 역사로 이어졌다. 나라를 팔아먹는 고관대작들의 행태에 민중들은 장탄식의 분노를 내뿜는 것 말고는 할 수 있는 일이 없었다. 외세에 고개를 숙이는 것은 지배층이었다. 그러나 수탈과 오욕의 역사를 오롯이 감내해야 하는 것은 민중들의 몫이었다.

일제강점기. 빼앗긴 것은 단순히 땅과 곡식만이 아니었다. 우리의 정신마저 지배하려 드는 일제의 민족 말살정책 때문에 배우는 것 하나도 우리의 의지를 담을 수 없었다. 분노가 쌓여서 만세를 부

6. 대한민국 임시정부 경위대장, 윤경빈

르고 끌려가면 죽음이 확정되고서야 고문대 위에서 내려올 수 있던 시절이었다. 하지만 조국의 독립을 위해 많은 이들이 때로는 폭탄을 던지고, 때로는 앞에 나서 만세를 외치고, 조선 땅을 떠나서라도 빼앗긴 조국을 찾기 위해 돌고 돌아 먼 길 위에서 싸움을 준비하기도 했다.

1919년 이후 임시정부는 빼앗긴 나라를 되찾겠다는 민족의 뜻이 모여 만들어진 정부였다. 임시헌법을 제정해 공포하고 외교활동에 힘써 조선의 입장을 전 세계에 알렸으며 국내에 돌아오기 위해 광복군을 조직하여 싸운 조직이 대한민국 임시정부다. 윤경빈은 임시정부의 마지막 경위대장이며 광복군 총사령관 부관을 동시에 맡고 있었다.

윤경빈은 1919년 평안남도 중화군에서 태어났다(현재는 평양으로 편입). 그의 부모는 농업에 종사했고, 나름 여유가 있는 자작농이었다. 그곳은 조상 대대로 살아온 터전으로 선조들이 정착한 지 몇 백 년도 넘은 곳이었다. 윤경빈의 일가친척들 역시 그 지역에 모두 모여 살고 있었다. 그는 당시 서북에서 가장 좋은 학교였다던 평양고등보통학교를 다녔다. 당시는 일제 강점기였기 때문에 그의 부모도 커서 무엇이 되라는 말씀은 하지 않으셨다. 식민 치하의 조선인이 할 수 있는 일이란 대단치 않았기 때문이다. 당연히 조선인으로서 성공한다는 것은 하늘의 별따기였다.

그는 더 큰 세상으로 유학을 떠났다. 유학을 떠날 때 그의 소

이름 없는 역사

망은 의사였지만 경쟁이 너무 치열해 사실 의사가 될 가능성이 없어 보였다. 1939년 윤경빈은 우여곡절 끝에 메이지 대학으로 유학을 떠나 의과대학 예과에 입학했다. 하지만 예과를 마치고 본과에 올라갈 때 그는 갑자기 의학에서 법학으로 전공을 바꾸었다. 변호사가 되기 위해서였다. 그러나 결과적으로 그것 역시 이루지 못할 꿈이 되어버렸다. 1930년대 말, 일본 대학가에는 마르크스, 레닌 같은 좌익사상이 유행처럼 퍼져 있었다. 당시 일제는 좌경, 또는 독립운동이라는 두 단어가 색출되기만 하면 강력하게 처벌을 가하곤 했다. 모두 다 겁을 냈지만 그런 활동에 빠져 있는 유학생들도 많았다.

1941년 12월 7일, 일본은 미국의 진주만에 대한 대대적인 공습을 시작한다. 야마모토 이소로쿠 사령관은 태평양전쟁의 개전을 선포하며 기지에 정박해 있던 미국의 함선들을 기습해 침몰시켰고 미군에게 2000여 명이 넘는 사상자 피해를 입혔다. 그리고 그 기세를 몰아서 동남아시아 전체를 점령하려는 대규모 공세를 펼치기 시작했다.

이미 대륙으로 진출하기 위해 만주와 한국까지 점령하고 있던 일본은 기세 좋게 침략전쟁을 벌였지만, 얼마 지나지 않아 병력의 부족을 느끼게 된다. 중국과 미국을 동시에 상대하려니 어쩔 수 없는 일이었다. 그 전까지 일본의 대학생은 징집연기가 가능했었지만, 상황이 급변했다. 일본은 대학 문을 닫게 하고 자국민 대학생들에 대한 징집령을 내렸다. 당시까지는 일본에 체류 중인 조선인들과

6. 대한민국 임시정부 경위대장, 윤경빈

대만인들은 징집대상에서 제외되어 있었다. 학교는 휴교가 되었고 일본에서 유학중인 조선인 학생들은 일시적이라고 생각하며 귀국길에 올랐다. 하지만 일본의 상황인식이 다시 한 번 달라지기 시작했다. 식민지 청년들에 대한 징집이 불가피하다고 생각하게 된 것이다. 자신들의 지배 아래 있던 조선과 대만인들이 징집에서 제외되어 있어 병력 충원에 어려움을 겪었던 탓이다.

처음에는 직접적인 징병을 하지는 않고 자원입대라는 명목으로 식민지 출신 청년들을 끌어들이려 했다. 하지만 그나마 말뿐인 자원입대였다. 한국과 일본에 있던 대부분의 대학생들이 자율입대라는 명목 아래 군복을 입어야 했다. 급기야 1944년에는 대만인들도 징병 대상이 되었다. 윤경빈의 영장이 발부된 것은 1944년 1월 20일이었다. 배치된 부대는 출생지 근처에 주둔해 있는 일본부대였다. 훈련은 고되었고 오지 않은 미래에 대한 공포만이 늘 주변을 감쌌다.

윤경빈은 입대한 부대에서 20일 정도 훈련을 받은 뒤 중국으로 파견되었다. 중국으로 떠날 때부터 생각한 것이 있었다. "나의 적은 미국도 중국도 아니다. 만일 싸우게 된다면 나는 일본군과 싸우겠다. 나의 적은 왜놈이다." 훈련은 두 달 정도 지속되었다. 그가 도착한 부대는 강서성 서중에 있는 쯔까라 부대였다. 그곳은 중국의 중부지방 한가운데였다. 이미 중국의 대부분은 일본군이 점령하고 있던 상태였다. 철도와 도시 모두 일본군이 점령하고 있었다. 윤경빈은 실제로 중국 국부군(중국 국민당 정부군)과의 전투에도 두어

이름 없는 역사

번 투입되기도 했다. 당시 중국은 괴뢰군이 일본의 앞잡이 노릇을 하고 공산계열의 팔로군과 장개석의 국부군이 일본에 맞서 싸우고 있었다.

▬▬ 탈출
그리고 먼 길

윤경빈은 일본군에 배치를 받을 때부터 탈출을 모색했다. 어느 방향으로 가야 하는지 누구와 가야 하는지 어떻게 가야 하는지, 늘 머릿속에는 탈출에 대한 생각뿐이었다. 탈출에 대한 이야기를 누구와 상의해야 하는지도 몰랐다. 어떻게 그곳을 벗어나야 하는지 날로 고민만 깊어갔다.

어느 날 그는 부대에 있던 한국인 통역관에게 큰 맘 먹고 이야기를 꺼내보았다. 만일 그 통역관이 자신의 이야기를 상관에게 보고한다면 목숨은 더 이상 온전치 않을 게 뻔했다. 도박이었다. 그러나 그동안 그와 나눈 대화 속에서 어느 정도 그가 '믿을 만한 사람'이라는 인식이 깔려 있었다. "저 탈출하고 싶습니다." 당연히 그 통역관은 말렸다. "위험합니다. 위험한 곳을 통과해야 해요. 어디로 가려고 합니까? 여기서 좀 더 버텨보지… 너무 위험해요." 그러나 윤경빈의 결심은 단호했다. 그의 표정을 지켜보던 통역관은 짧게 말했다. "내일 저녁에 내 방으로 와요."

다음날 저녁 그의 방에 갔다. 통역관은 없었다. 대신 지도가 하나 걸려 있었다. 지도에는 '동북 방향, 이틀간 가라'라고 적혀 있었다. 지도는 윤경빈의 품에 들어왔다.

탈출을 같이 한 동료들은 김영록, 홍석훈, 그리고 장준하였다. 홍석훈은 윤경빈이 평양에서 지낼 때부터 알던 친구였다. 김영록도 마찬가지였다. 그러나 장준하는 처음 보는 친구였다. 홍석훈이 말했다. "내가 보증할게. 같이 가도 좋은 친구야." 윤경빈은 그러자고 했다.(《독립유공자 증언자료집-윤경빈 편》(국가보훈처 발간) 참고)

탈출할 때 네 사람은 맨몸이었다. 혹시 항전할 일이 벌어지더라도 무기를 가졌다는 것이 별 의미가 없으리라는 생각 때문이었다. 그것도 통역관의 의견이었다. 무기가 없이 가야 도착했을 때도 싸우러 오는 병사가 아니라는 메시지를 전할 수 있지 않겠는가. 그래서 무기 없이 군복만 입고 길을 나섰다.

하룻밤은 길었다. 밤새 걷기 전 동북의 방향을 찾아야 했다. 하늘의 별이 그 역할을 해주었다. 북두칠성과 북극성 그 사이. 그곳이 동북 방향이었다. 멀리보이는 곳을 기점으로 잡고 그곳에 도착하면 다시 먼 곳에 보이는 곳을 선으로 잡으며 강도 건너고 고개도 넘었다. 이틀이 지났다.

목적지에 다 온 듯했다. 잠시 잠들었다가 일어났다. 웬 중국인이 권총을 겨누고 있었다. 도움을 줄 사람처럼 보이지는 않았다. 일행은 묵언으로 상의를 했다. '아무래도 도망을 가야겠다. 신호를

이름 없는 역사

주면 동시에 사방으로 흩어져서 뛰자.' 그리고 신호에 맞추어 사방으로 뛰었다. 중국인은 총을 난사했다. 다행히도 그 총에 맞은 사람은 없었다. 그길로 10리를 내달렸다. 뒤에서는 그 중국인이 따라올지도 모르는 노릇이었다. 강이 막아섰지만 다른 선택의 여지가 없었다. 강 앞에 있는 쪽배를 타고 무작정 강을 건너기 시작했다. 그러나 아뿔싸. 그들이 탄 배는 물이 새어들고 있었다. 결국 일행은 배를 버리고 헤엄을 쳐서 강을 건넜다.

그렇게 간신히 맨몸으로 강을 건너 큰 길에 오르자 이번에는 수많은 군인들이 순식간에 둘러싸고 포위를 했다. 더 이상 도망 갈 곳도 없었다. 방법도 없었다. 그들은 길에 주저앉았다. 잠시 후 장교 한명과 병사 5명이 다가왔다. 일행은 저항할 의사가 없음을 분명히 밝히고 종이를 청해 적었다. "우리는 조선 사람이고 일본군 부대를 탈출했다." 그러고 나서는 윤경빈이 가지고 있던 부모님과 찍은 사진을 보여주었다. 군인들은 잠시 살핀 후 일어나라고 지시했다. 그들은 부대의 장교 앞으로 인도되었다.

일행이 찾아간 부대는 국부군 유격대 한치륭 부대였다. 부대에는 일본말을 할 줄 아는 중국군인이 있었다. 그 통역관에게 그간의 이야기를 전했다. 탈출 동기와 과정, 지금까지의 상황을 통역관에게 전해 들은 지휘관이 다가와서 부둥켜안으면서 말했다. "조선의 혁명투사들이 왔다!" 일행은 환영을 받았고, 일본군의 옷 대신 유격대 장교복을 지급받았다. 그리고 2주간 그 부대에 머무르며 쉴 수 있

6. 대한민국 임시정부 경위대장, 윤경빈

었다. 그것으로 그들의 탈출 여정은 끝이 난줄 알았다. 하지만 아니었다.

불로호로 뛰어들다

어느 새벽 사령부 주변을 팔로군이 포위했다. 사령부에는 방어할 수 있는 병력이 300명도 채 되지 않았다. 주력 부대는 강 건너에 있었다. 사령부는 야간의 기습에 방어할 수 있는 방법이 없었다. 사방에서 총알이 날아들고 폭탄이 터졌다. 윤경빈 일행은 포위가 되지 않은 유일한 방향인 호수로 뛰어들었다. 그리고 목숨을 걸고 다시 헤엄쳐서 불로호를 건넜다.

호수를 건너고 나서 다가가보니 유격대의 참모장이 있는 제2지대가 있었다. 참모장은 용케 살아서 왔다고 환영했다. 그 밤에 2주간 함께 머물렀던 지휘관은 팔로군에게 잡혀 가족들과 함께 총살을 당했다고 한다. 하룻밤을 그곳에서 보내고, 다음날 부대 사무장이 우리를 중경 임시정부로 호송해주겠다고 했다. 철도를 에워싸고 있는 일본군을 피해 임천 광복군 3지대로 무사히 가야 했다. 그곳을 떠날 때 일행에 한 사람이 추가되었다. 김준엽(1920~2011, 독립운동가 출신 교육자로 훗날 고려대 총장을 지낸다)이었다. 일본군이 점령해버린 철도를 건너기 위해 하루를 기다리며 중국인 농부의 옷을 갈아

이름 없는 역사

입었고, 야간을 틈타 밧줄로 호를 건너기도 하고 호 안에서 하루를 기다리기도 했다. 그렇게 천신만고 끝에 영송 사령부에 도착했고, 신분을 밝힌 뒤 환대를 받았다. 그리고 그곳에서 다시 길을 떠나 사흘 후에 드디어 임천에 도착했다. 일행은 임천에 도착한 뒤 바로 한국 광복군 간부훈련반에 입대할 수 있었다.

간부훈련반의 교육은 고등 군사훈련이 아니라 일제 치하에서 받지 못했던 일상의 교육이었다. 그중에서도 조선의 역사, 조선의 말, 그리고 민주주의에 대해 배우는 시간이었다. 선생은 김학규 장군이었다. 우리 민족의 역사를 배우는 것은 처음이었다.

간부훈련반에서 모든 교육과정을 마친 뒤 중경으로 출발했다. 김학규 장군이 요청한 몇몇과 전선의 최전방에서 싸우겠다는 몇몇이 임천에 남게 되었다. 각자의 선택이었다. 윤경빈은 중경으로 가는 6천리(약 2400킬로미터)의 길에 자신을 맡겼다. 광복군은 돈도 없었고 식량도 없었다. 중경까지 가는 길은 지금까지 온 길만큼 어렵고 힘든 시간이었다. 출발할 때는 이미 서리가 내려버린 초겨울이었다. 6천리 도보 길은 멀기도 멀었다. 한 끼를 해결하는 것은 전쟁터만큼이나 치열하고 혹독했다. 나누어 들고 가던 자루에서 밀 한줌씩을 꺼내 모아서 밀을 빻은 다음 소금을 조금 넣어 밀기울 반죽을 하고 그것을 물에 넣고 끓여 훌훌 마시는 것으로 한 끼 식사를 대신했다.

가는 길에 그들을 환영하는 숙소가 있을 리 만무했다. 길가에 있는 동네 마구간을 잠자리로 삼는 것이 다반사였다. 밀짚을 주

6. 대한민국 임시정부 경위대장, 윤경빈

워 와서 마구간에 깔고 서로 엉키어 체온을 지키며 잠이 들곤 했다. 얼어 죽지 않으면 다행이었다. 가는 길에 노잣돈을 마련하기 위해 일본군 장교와 탈영병을 묘사한 연극을 해서 잔돈을 거두기도 했다. 덕분에 변변치 않지만 끼니를 사서 때우기도 했다. 그렇게 양자강을 건너고 태산준령도 넘은 뒤 드디어 중경에 도착했다.

오후 3시 드디어 임시정부에 도착했다. 국무위원들을 비롯한 임시정부 요인들이 직접 나와서 반겨주었다. 그리고 태극기를 게양하고 묵념을 했다. 백범 김구 선생은 감격에 겨워 말씀을 끝까지 잇지 못했다. "이렇게 많은 지식 청년들이 이곳을 찾아준 것이 처음이오…." 그들은 그렇게 며칠 동안이나 환대를 받으며 그들에게 일본군 이야기를 들려주었다.

▬ 백범 김구 선생을 모시다

윤경빈은 이청천 장군 부관직을 맡고 동시에 임시정부의 경위대장으로 근무했다. 경위대장의 주임무는 김구 주석의 경호였다. 또한 중경 시내에 살고 있는 우리 교민과 독립유공자 가족들에 대한 보호업무도 병행했다. 당시 토교라는 부락에는 임시정부 요인의 가족들이 거주하고 있었다. 그곳의 생활은 중국 측의 지원을 받아 이루어졌다.

이름 없는 역사

중경 임시정부는 이제 전쟁의 막바지라는 시대의 흐름을 읽고 있었다. 당시 임정의 최대 사업은 대외적으로 공식적인 정부임을 승인받는 것이었다. 임정이 종전 선언 전에 승인을 얻고 연합군과의 교섭에 들어갈 때 발언권을 행사해야 하는데 당시 중국 측까지는 대처가 적극적이었지만 막상 협상을 하려고 보면 미국이 아주 미온적인 자세를 취했다. 이 부분에서 내부적인 갈등이 있었으리라 짐작할 수 있다(민족주의 계열과 사회주의 계열의 충돌이 있었다. 이것으로 인해 미국이 미온적이었다는 것이 윤경빈 선생의 생각이었다).

광복군은 종전 직전 꽤 위세가 커졌다. 전체 인원을 합치면 천여 명 정도까지 불어났다. 물론 그 안에는 원래 광복군 말고도 의용대 및 기타 공작부대 혹은 적 후방에서 활동하던 이들도 합류해 있었다. 출신 성분이 다양하다 보니 해방이 다가오는 것을 감지한 수많은 첩자들도 이쪽으로 넘어오고 있었다. 이들을 색출하기란 참으로 어려운 일이었다. 그들에게 물어봤자 검증이 불가능한 이야기거나 혹은 안전하게 세탁된 이야기들이 돌아올 뿐이었다. 가명을 쓰고 신분을 속이고 살면 좀체 정체를 찾아낼 방도가 없을 수밖에 없었다.

6. 대한민국 임시정부 경위대장, 윤경빈

백범 곁에서
바라본 세상

중경 임시정부에서 머물 때 김구 선생은 취미가 없었다. 취미라고 해봤자 독립운동에 관한 생각뿐이었고 주로 하는 일도 당연히 독립운동이었다. 기껏 던지는 농담조차도 독립운동에 관한 것이었다. 김구는 이승만과의 갈등을 수면 위로 드러내지 않았다. 모든 이들이 이승만의 과오를 알고 있었지만 김구는 이승만을 늘 존대했고 문제 삼으려 하지 않았다. 이승만의 허물을 몰라서 그런 것이 아니었다. 국가를 위한 대의 앞에서 이승만을 적으로 돌리게 되면 그 안에서의 반목과 갈등이 다시 불거지는 것을 경계하여 최대한 양보하고 배려했던 것이다. 물론 이것은 나중에 김구를 탄압하는 이승만의 행태에 의해 돌이킬 수 없는 관계가 되어버렸다.

1948년, 이승만이 대통령이 되고 나서 임정에서 활동했던 독립운동가들을 탄압하고 심지어 민족주의자였던 김구 선생을 공산당으로 몰아가는 일련의 과정들 속에서 두 사람은 돌아갈 수 없는 다리를 건너버렸다. 그래도 김구는 달랐다. 해방 후 환국을 하고 나서 임시정부 봉환위원회에서 정치자금을 모아서 김구 선생에게 갖다드렸다. 그때 김구는 그 돈을 이승만에게 가져다주면서 "우리 같이 건국운동에 써야 되지 않겠습니까?"라고 했다고 한다.

그에 앞서 중국에서 독립전쟁을 준비하던 광복군의 국내

이름 없는 역사

진입은 무산되었다. 당시 우리의 학병들이 미국의 OSS(Office of Strategic Services, 미국 CIA의 전신)부대와 함께 같이 군사훈련을 실시하고 일본이 항복선언을 하기 며칠 전인 1945년 8월 12일에는 우리의 군이 직접 국내로 진입하려고 했다. 그러나 일본은 8월 9일 나가사키에 원자폭탄이 떨어지자 일본의 항복 권고와 제2차 세계 대전 이후의 일본에 대한 처리 문제를 논의하여 발표한 포츠담 선언(1945년 7월 26일)에 따른 항복을 수락한다. 그 후 우리의 군은 국내 진입을 저지당한다(여의도 비행장에 몇몇이 왔었다는 이야기도 있다).

미국에서는 이승만 박사가 언론에서 먼저 신탁통치를 터트렸다. 그러나 임시정부는 아무런 대응을 하지 않았다. 당시를 기억하는 윤경빈은 다음과 같이 이야기한다.

신탁통치안이 처음 나온 것은 얄타밀약 이후 아닙니까? 우리가 해방 후 환국하고 나서…

일반적인 오해에 대해서도 그는 단호했다. 예를 들면 '건국동맹에서 해외 독립운동가들과 연락하기 위해서 중국에도 밀사를 파견하기도 했다'는 설에 대해서도 선을 긋는다. "그런 것은 일절 없었습니다."

윤경빈은 임정에서의 당시 상황을 이렇게 회고한다.

6. 대한민국 임시정부 경위대장, 윤경빈

1945년 8월 15일 이후 국내와 해외는 단절이 되었습니다. 모든 통신이 국제적으로 끊기고 북쪽에는 공산당이 만주를 점령하니까 육로도 들어올 수도 없고…. 바다 건너 중간에 일본군 구역이 있는데 그걸 넘어서면 비로소 통신이 가능한 지역으로 들어갈 수 있었어요. 그런 상황에서 단 한 가지 들을 수 있는 건 무선방송뿐이었습니다. 우리가 했던 무선방송을 국내에서 들었다는 사람들도 있었지만 그것은 아주 소수였고, 피차 정보가 통하지 않는데 정치상황을 위해 통신으로 교류했다는 것은 전혀 있을 수 없는 일이지요.

- 《독립유공자 증언자료집》(국가보훈처 발간)에서 재인용

일본이 항복할 것이라는 소식은 나가사키에 원자폭탄이 떨어진 8월 9일 들었다고 한다. 그러나 당시 윤경빈이나 백범의 낙담은 상당했다. 우리가 준비했던 OSS부대 침투를 통해 본국으로 우리의 부대가 들어갈 수 있다면 우리 역시 연합군의 일원으로 상당한 발언권을 얻을 수 있었을 텐데 그러지 못했다는 것이다. 김구는 당시에 눈물을 보였다고 한다. "우리는 준비도 끝났고 그 날만 기다리고 있었는데…."

물론 당시에 OSS부대가 침투하면 요원들의 안전을 담보할 수 없었다. 그러나 직접 전투에 참여해서 주권국가의 군대로서 인정을 받을 수 있는 마지막 기회를 놓쳤다는 사실에 대해 백범과 임시

이름 없는 역사

1945년 11월 3일 대한민국 임시정부는 환국에 앞서 충칭의 임정 청사 앞에서 기념 사진을 찍었다. 맨 왼쪽 위에서부터 4번째 군모를 쓴 이가 광복군 윤경빈 선생이다.(출처 : 국가보훈처)

6. 대한민국 임시정부 경위대장, 윤경빈

정부 요인들이 느꼈을 절망감 역시 공감할 수밖에 없다. 당시 전국 각 도에 몇 사람씩 떨어뜨리면, 그 요원들이 무전을 통해 국내의 정보를 임시정부에 전할 수 있고 우리 독립 진영이 작전을 전개할 수 있었을 것이다.

광복을 맞이하고 임시정부가 귀국하려 하자 미국에서 방해하기 시작했다. 미국 뒤에는 이승만이 있었다(이승만 뒤에는 미국이 있었다). 이승만은 미국의 지지를 업고 환대를 받으며 귀국했고 미국은 미군정을 통해 남한에 대한 지배력을 강화했다. 이런 상황에 임시정부가 정부의 정통성을 주장하며 귀국하는 것을 미국은 용인할 수 없었던 것이다. 미국은 임시정부 요인들에게 전했다. "임시정부를 해산하고 개인 자격으로 들어오라."

임시정부는 당연히 동의할 수 없었다. 예정된 반발이었다. 귀국을 해야 하느냐 마느냐로 열흘간 긴 토론이 이어졌다. 그러다가 잠정적인 결론을 내린다. "일단 개인 자격으로 들어가서 다시 거기서 임시정부를 세우자." 이런 뜻을 미국에 전달했다. 미국이 드디어 귀국을 승인해주었다.

당시 중국 국민당 정부는 대한민국 임시정부를 지지하고 있었다. 그러나 중국 역시 미국의 지원과 영향 아래 있었다. 중국에서 미국에 여러 차례 제안을 했음에도 미국은 승인을 거부했던 것이다.

귀국길의 짐은 단출했다. 트렁크 한 개씩이 전부였다. 임시정부의 모든 문건들은 다른 비행기에 따로 실려왔다. 그 문서들은 경

이름 없는 역사

1945년 임시정부가
김포공항으로 환국할 때의 모습.
김구 주석 뒤에 군복을 입은
청년이 광복군 윤경빈 선생이다.
(출처 : 국가보훈처)

교장에서 보관하고 있다가 6.25전쟁이 터지고 나서 행방이 묘연해
졌다(윤경빈은 북한이 가져간 것으로 추정했다).

　　임시정부는 개인자격으로 귀국했지만 임시정부의 요인들과
국민들은 그렇게 생각하지 않았다. 김구 주석은 "내가 왔으니 정부
도 왔소."라고 말했고 국민들 역시 임시정부를 유일한 정부로 생각
했다. 요인들의 환국 후 자발적으로 '대한민국 임시정부 개선환영회'
가 열렸다. 임시정부 요인들은 경교장을 임정의 청사로 삼고 여러
차례 국무회의를 개최했다. 그들은 과도정권 수립에 대한 강한 의지
를 표명하며 국민들의 동의를 구하러 나섰다. 주석 이승만 부주석
김구를 중심으로 하는 과도정권을 수립하려 했으나 이승만은 이를
거부하고 주석에 취임하지 않았다. 이승만에게는 다른 속셈이 있었
던 것이다.

　　남과 북에 각각의 정부가 세워지려는 움직임이 보이자 임시

정부 김구 주석은 이를 막기 위해 북한행을 결심한다. 김구의 북한행을 막겠다는 많은 학생 시민들이 경교장을 둘러싸자 "내 평생 독립운동을 했는데 반쪽자리 정부를 보려고 독립운동을 했는지 아느냐."라고 일갈한 뒤 경교장 보일러실 비밀출구로 나와 북한으로 향했다.

그러나 김구의 바람은 거기까지였다. 1948년 8월 15일 남쪽에는 대한민국 정부가 수립되었고, 북한에는 조선민주주의인민공화국이 세워졌다. 그리고 1949년 6월 26일, 평생 나라의 독립을 위해 싸우던 김구는 안두희의 흉탄에 서거했다.

═══ 고귀한 뜻은
묻히지 않으리라

윤경빈은 김구를 곁에서 모신 마지막 광복군이었다. 그리고 1999년 14대 광복회장을 역임하면서 친일파 청산에 대한 의지를 보였다. 친일인명사전이 나오기 전인 2002년 3.1절을 앞두고 윤경빈 회장은 692명의 친일파 명단을 발표했다. "이 문제를 덮어둔다면 또다시 나라가 위기에 처했을 때 누가 독립운동을 하고 누가 나라를 위해 목숨을 바치겠는가?"

1990년에는 건국훈장 애국장을 받았다. 이후로도 해마다 열리는 보훈행사에 늘 정정한 모습으로 나타났다. 평소에 독립운동과

이름 없는 역사

관련된 많은 자료를 가지고 있으면서 이것을 누군가 지켜주고 후세에 전하기를 바랐던 윤경빈 선생. 그러나 갑자기 악화되는 건강 때문에 2018년 3월 7일 윤경빈 선생은 마지막 광복군으로서 조국의 안녕을 기원하면서 영면에 들었다. 나는 그의 고귀한 뜻도 함께 묻히지 않기를 바랄 뿐이다. 시대의 거친 물줄기를 헤쳐 나와 일본군과 맞서던 조선의 청년은 세월이라는 높은 파고를 늘 물러섬 없이 마주했다. 일본군에 끌려가면서도 "나는 이곳을 탈출하여 다시 일본군과 싸우겠다"는 결기를 보여준 마지막 광복군에게 경의를 표한다. 그 결기를 배우겠습니다. 편히 쉬십시오.

7

끝내
돌아오지 못한
양평의
양건석 삼대

65년 만에
돌아온 조국

중국에 살고 있던 양옥모의 가족은 일제강점기가 끝난 이후에도 쉽사리 한국행을 결정하지 못했다. 그리고 광복을 맞이한 지 65년이 지난 2010년에서야 비로소 양옥모 혼자서 고국 땅을 밟았다. 한국에서의 생활을 보장해줄 수 있는 이가 없었다. 그나마 적십자사의 도움 덕분에 가능한 일이었다. 오래 전 세상을 뜬 아버지와 다른 형제자매를 대신해 양옥모가 독립유공자 후손으로서 한국행을 택한 것이다.

아버지의 건국훈장 애족장 연금은 가족 서열에 따라 중국에 있는 큰 언니에게 지급되고 있었다. 양옥모가 한국에 돌아온다 해도

이름 없는 역사

그 어떤 경제적 도움을 받지 못할 처지였다. 그런데도 한국행을 결심한 이유는 무엇일까? 나이가 너무 많기도 했지만 이미 중국에서 자리를 잡은 다른 형제들은 귀국을 포기했다. 하지만 양옥모는 아버지의 나라, 아버지의 잃어버린 역사를 알고 싶었다. 이미 그의 나이도 예순을 훌쩍 넘긴 터였지만 뿌리에 대한 알 수 없는 향수 때문이었으리라. 한국에는 작은 몸 하나 편히 누울 곳이 없었지만 양옥모는 평생 동안 아버지가 그토록 되찾기 위해 헌신했던 '조국'이 어떤 곳일지 궁금했고 가족의 잃어버린 역사를 눈으로 확인하고 싶었던 것이다.

나라 잃은 설움과 고통을 피해 조국을 떠날 때는 그 어떤 절차도 없었지만 돌아올 때는 대한민국 정부가 정한 절차가 필요했다. 귀화 시험을 위해서 대한민국의 역사를 배웠다. 돌아가야 할 곳이라는 생각에 어렵고 힘들다는 생각은 들지 않았지만, 역시 쉽지 않은 과정이었고, 여러 차례 탈락하기도 했지만 끝내 귀화시험을 통과했다. 정착금을 받아 서울 서빙고동에 단칸방 세를 겨우 얻을 수 있었다. 서빙고동에 딱히 아는 사람이 있었던 것은 아니다. 그저 정착금에 맞추어 감당할 수 있는 집을 찾아 물어물어 흘러들어온 곳이었다. 중국에서의 삶과 달라지는 것은 없었다. 만나는 사람들이 쓰는 말이 달랐고 타고 다니는 차가 달랐다. 거리에서 마주치는 사람들은 자신이 누구인지 왜 여기에 왔는지 알 수 없었고 묻지도 않았다. 양옥모의 선택과 처지는 선뜻 이해하기 어렵다.

7. 끝내 돌아오지 못한 양평의 양건석 삼대

좁은 골목길에 있는 집은 햇볕이 잘 들지 않았지만 그래도 아버지의 나라에서 볼 수 있는 빛이라서 늘 감사했다. 매달 나오는 연금과 기타 수령액을 다 합쳐도 50만 원이 채 되지 않는다. 그러나 양옥모는 지금도 늘 대한민국에 감사한 마음뿐이다. 그렇게 아버지가 사랑했던 곳이니까. 목숨을 걸고 싸웠던 조국이니까. 10살짜리 꼬마의 손을 움켜잡고 조국을 떠난 할아버지의 역사를 한국에 와서 조금씩 알게 되었다. 양평을 떠나온 할아버지는 결국 고향으로 돌아오지 못하고 이역만리 중국 땅에 묻혀야 했다. 할아버지는 무엇을 위해 조국을 떠나야 했을까?

▬▬ 양평의 천석꾼은 왜 돌아오지 못했나?

양옥모의 할아버지 양건석은 1893년 경기도 양평군 용문면 광탄리에서 태어났고 어릴 때 광명의숙에서 신구학문을 수학했다. 광명의숙에서는 한문과 한글을 모두 가르쳤다. 광명의숙은 현재 '광탄초등학교'의 전신이라는 이야기가 있다. 독립운동가로서 광복 이후 남북분단을 막기 위해 무던히도 애썼던 몽양 여운형도 이 학교 출신이다.

양건석은 1910년 경술국치에 항거하여 의병운동에 투신한다. 그러나 적극적으로 활동하기는 어려웠다. 아들의 안위를 걱정하

이름 없는 역사

던 부모의 마음을 생각한 양건석은 울분을 속으로만 삭여야 했다. 하지만 1919년 3월 1일부터 만세운동이 전국에서 들불처럼 퍼지자 더는 가만히 앉아 있을 수 없게 됐다. 이틀 뒤인 3월 3일부터 양건석은 양재은, 박봉춘 등과 함께 태극기 100여 장을 직접 제작하여 마을 사람들에게 나누어주기 시작했다. 태극기를 건네주면서 마을사람들에게 '3월 5일 용문면사무소 앞'으로 나와달라고 부탁했다. 3월 5일 용문면에서의 만세운동을 결의한 것이다. 그러나 당일이 되어 만세를 외치기 위해 모여든 사람들은 미리 알고 있던 일제 경찰에 의해 강제로 해산 당하고 말았다. 동지들은 대부분 경찰에 의해 체포되어 춘천으로 압송되었다.

양건석은 운이 좋게도 민첩하게 대피하여 체포를 면했다. 그러나 수사를 위해 집으로 찾아오는 일제 경찰의 빈도가 잦아지고, 머지않아 가족들까지 화를 입게 될 것을 걱정한 양건석은 마침내 망명을 결심한다. 그리고 집과 땅을 팔아 자금을 준비했다. 급히 가산을 처분하려다 보니 제값을 다 챙길 수는 없었지만, 시간이 많지 않았다.

양건석의 집안은 한밤중에 몰래 양평을 빠져나와 길림성 동빙현으로 향했다. 이곳에는 김규식(1881~1950년, 1919년 파리강화회의에서 대한민국임시정부 대표 명의로 탄원서를 제출했고, 임시정부의 초대 외무총장 · 부주석을 역임했다. 해방 후에는 좌우합작운동을 전개했지만 6.25 전쟁 당시 납북되었다)이 운영하던 농장이 있었다. 동빙현에

7. 끝내 돌아오지 못한 양평의 양건석 삼대

자리를 잡은 양건석은 항일 애국단체인 한족회에 가입했다. 그리고 얼마 뒤 신흥무관학교에 들어가서 하사관 과정을 수료한 양건석은 1920년 김좌진 장군(독립군 제2연대) 휘하에 배치되어 독립군 3대첩 중 하나인 청산리 전투에 참전했다.

　　1919년 3.1운동 이후 만주에서 독립군의 전투 활동이 활발해지고 그 세력이 커지자 일제는 이들을 토벌하기 위해 국제법까지 무시해 가면서 수시로 토벌작전에 나섰다. 당시 중국 군벌들의 일부는 일본의 요구에 순응하여 일·중 합동 토벌이라는 형태로 학살 작전을 펼치기도 했다. 물론 중국군에는 독립군을 지지하는 세력도 있었다. 그들은 일본과의 강압적인 밀약을 독립군 측에 은밀히 통보하여 독립군을 보호하는 역할을 하기도 했다. 특히 길림성장 서정림을 비롯한 몇몇의 부대들은 독립군을 보호할 수 있는 정보를 제공했다. 이들이 일제에게 던진 답변은 간단했다. 불령선인(不逞鮮人, 독립군) 들은 일종의 정치범이므로 우리로서는 토벌할 수 있는 근거가 없다. 그러나 일본이 계속 압박해오자 중국 측은 독립군과 협상을 벌여서 몇 가지의 합의를 이끌어냈다.

　　1. 중국군은 간도 침입의 구실을 막기 위해 부득불 출동을 아니 할 수 없으니 독립군은 이와 같은 중국의 입장을 고려해서 대책을 세우고 상호 협의한다.
　　2. 독립군은 시가지나 국도에서 군복차림이나 무기를 휴대하고

　　　　　　　　　　　　　　　이름 없는 역사

대오를 지어 행동해서 중국 측을 난처하게 하지 않는다.

3. (…) 중국군은 출동 전에 독립군에게 사전 통보를 한다.

4. 중국군과 독립군은 서로 전투를 피하며 중국군은 독립군을 공
   격하지 않는다.

– 《한국독립운동사》(한국일보사 발간)에서 축약 재인용

그러나 일본은 살육을 미리 조작하고 계획해서 사변을 일으
켰다. 1920년 마적을 동원해서 혼춘대학살 사건으로 불리는 계획된
살육을 자행한 것이다. 물론 이것은 일본군이 독립군 토벌의 명분을
갖기 위해서 만들어진 작전이었다. 중국군 70명과 한인 7명이 살해
당했고 심지어는 일본 국민이 파견되어 근무하고 있던 곳까지 불태
우는 만행을 저질렀다.

독립군은 중국 측과 합의한 대로 새로운 기지로 이동하기로
계획되어 있었다. 일본군이 간도 일대에서 생활하던 동포들을 해치
는 것을 막기 위해 부대는 서둘러 이동을 시작했다. 하지만 일본군
의 추격은 집요했고, 결국 청산리에서 일대 회전을 벌일 수밖에 없
게 되었다. 청산리 전투는 일반적으로 청산리의 백운평(白雲坪) 전
투와 홍범도의 대한독립군과 국민회 등의 연합부대가 중심이 되어
치른 완루구(完樓溝) 전투, 그리고 이어진 10여 차례 교전을 의미한
다. 당시 일본군은 대패했고, 독립군은 그동안 준비해왔던 무기들
과 전술 전략 훈련 덕분에 쾌거를 거두었다. 김좌진 장군의 독립군

7. 끝내 돌아오지 못한 양평의 양건석 삼대

제 2연대에 배치되었던 양건석은 이 전투에서 어깨에 총상을 입었다. 그는 1932년까지 독립군으로 활동하였으나 청산리 전투에서 입은 총상 때문에 건강이 악화되어 1938년 결국 세상을 떠나고 만다. 조국 광복의 꿈을 안고 양평을 떠나왔지만 결국 양평으로 돌아갈 수 없었던 것이다.

▌▌ 양건석의 아들,
양승만

　　양건석의 아들 양승만은 1909년 양평에서 태어났다. 하지만 10살이 됐을 무렵, 만세운동을 주도한 뒤 끊임없이 추적당하던 아버지의 결심에 따라 만주로 떠나야만 했다. 만주로 망명할 때 모든 가족이 따라오지도 못했다. 그만큼 급박한 상황이었다. 성장해서는 신숙 선생이 설립한 송봉산 소재의 신창학교에서 교사생활을 했다. 여기서 양승만은 신숙의 아들 신화균을 비롯해 교육을 통해 민족의 앞날을 도모하자는 뜻이 통하는 동지들과 교류했다.

　　당시 상해 임시정부 요인이기도 했던 홍만호, 홍우봉, 방학수 등이 마을사람들을 가르치는 일에 함께 했다. 양승만은 각지에 나뉘어져 있는 독립운동가들을 집결해서 동력을 모으는 것을 목적으로 하는 애한민생회에 참여한다. 이들은 1932년 만주사변 직후 이 조직을 바탕으로 '대한독립군'이라는 항일부대를 조직했다. 그러나 부대

양승만 선생이 생전에 찍은 증명사진

의 규모도 작았고 여러 가지 여건도 충분하지 못했기에 단독작전을 수행하기에는 무리가 있다는 판단을 하게 되고, 이후 항일구국군 제3군에 합류했다.

당시 양승만의 나이는 23세, 계급은 상사였다. 그는 길림성 쌍성지구 항일투쟁에 참여하기도 했지만, 가족을 돌보느라 부대가 이동할 때는 참여하지 않고 잔류했다. 그러나 항일투쟁을 포기한 것은 아니었고, 일반 전투병 활동 대신 신숙 선생의 지휘 아래서 지하공작을 이어나갔다.

피난민들과 같이 난민 피난소에서 숙식을 함께하던 양승만은 난민수용소의 열악한 위생환경과 대홍수 이후 창궐한 전염병 때문에 사랑하는 누이와 아들을 잃는 슬픔을 겪게 된다. 더 이상 난민

7. 끝내 돌아오지 못한 양평의 양건석 삼대

수용소에서 생활을 이어가는 것이 어렵다고 판단한 그는 친구 집에서 기거하면서 사립교습소의 선생으로 활동을 이어갔다. 동포들에게 가장 필요한 것은 교육이요, 교육을 통해 항일 투쟁의식을 끊임없이 이어가야 한다고 믿었던 그는 2년여 동안 열심히 동포들의 교육에 매진했다. 그러나 일본의 항일투쟁 탄압은 더더욱 거세졌다.

끊임없는 감시와 탄압 속에서 제대로 된 활동을 이어갈 수 없었던 양승만과 동지들은 '백초당'이라는 약방을 열었다. 그곳은 겉으로는 일반 약방이지만 실제로는 상해 임시정부의 주석 백범과 긴밀한 연락을 취하는 비밀 통로였다. 일본의 감시를 피하고 동지를 지키기 위한 위장이었다.

양승만의 투쟁기록은 1933년까지다. 그 이후의 행적은 공식적으로 인정받지 못하고 있다. 그러나 양승만은 그 이후에도 겉으로 드러내지 않는 비밀공작을 통해 계속 항일투쟁을 이어가고 있었다.

일제의 탄압이 거세지던 2차 세계대전 막바지에 임시정부는 김원봉의 합류로 다시 좌우합작의 길을 걷고 있었다. 상해 임시정부는 연합군과 공조하여 조국 본토로 잠입하는 계획을 세우고 있었다. 광복군은 미군과 합동으로 '국내 진공작전'을 계획했다. 그러나 국제정세는 우리의 편이 아니었다. 미군에게 원자탄 폭격을 당한 일본은 더 이상 전쟁을 수행할 여력이 없었다. 일본 천황이 라디오를 통해 항복을 선언하면서 일제 치하의 한반도는 일본으로 도망가려는 자, 일본과 만주와 중국 각지에서 해방된 조국으로 먼저 돌아오려는 자

이름 없는 역사

들이 뒤엉키며 엄청난 혼란이 시작되었다.

1945년 8월 15일, 오지 않을 것 같던 해방은 남의 손에 의해 이루어졌다. 임시정부는 허탈함과 불안을 동시에 느끼면서 동포들의 귀국 준비를 서둘렀다. 1945년, 임시정부는 외교부장을 통해 치안이 복잡한 상황에서 정부의 보호를 받지 못하고 귀국하는 동포들의 안전을 모색하려 했다.

1945년 9월 3일 임시정부는 '임시정부 당면과제 14개항'이라는 성명서를 발표했다.

1. 본 임시정부는 최단 기간 내에 곧 입국할 것.
2. 우리 민족의 해방과 독립을 위하여 피로써 싸운 중·미·소·영 등 우방 민족과 절실히 제휴하고, 유엔 헌장에 의하여 세계의 안전과 평화를 실현하는데 협조할 것.
3. 연합국 중의 주요 국가인 중·미·소·영·불 5국과 먼저 우호협정을 체결하고, 외교 관계를 별도로 개척할 것.
4. 동맹군이 한반도에 주재하는 동안 필요한 일체 사안에 적극 협조할 것.
5. 평화회의 및 각종 국제집회에 참가하여 한국의 마땅한 발언권을 행사할 것.
6. 국외 임무의 결속과 국내 임무의 전개가 서로 연결되는데 필수한 과도조치를 집행하되, 전국적 보통선거에 의한 정식정권

7. 끝내 돌아오지 못한 양평의 양건석 삼대

이 수립되기까지의 국내 과도정권을 수립하기 위하여 국내의 각 계층, 각 혁명당파, 각 종교집단, 각 지방대표와 저명한 각 민주영수회의를 소집하도록 적극 노력할 것.

7. 국내 과도정권이 수립된 즉시 본 정부의 임무는 완료된 것으로 인정하고, 본 정부의 일체 직능 및 소유 물건을 과도정권에게 교환할 것.

8. 국내에서 건립된 정식정권은 반드시 독립국가, 민주정부, 균등사회를 원칙으로 하는 새로운 헌장에 의하여 조직할 것.

9. 국내의 과도정권이 성립되기 전에는 국내 일체 질서와 대외 일체 관계를 본 정부가 책임지고 유지할 것.

10. 교포의 안전 및 귀국, 국내외에 거주하는 동포의 구제를 신속 처리할 것.

11. 적의 일체 법령의 무효와 신 법령의 유효를 선포하는 동시에, 적 통치하에 발생된 일체의 죄와 벌을 사면할 것.

12. 일제 적산(敵産)을 몰수하고 국내 일본인을 처리하되 동맹군과 협상하여 진행할 것.

13. 일제 적군에 의해 강제로 전쟁에 동원된 동포 군인을 국군으로 편입하되 동맹군과 협상하여 진행할 것.

14. 독립운동을 방해한 자와 매국노에 대하여는 공개적으로 엄중히 처분할 것.

- 《차리석 평전》(장석흥 지음)에서 재인용

임시정부의 마지막 과업은 동암 차리석에게 맡겨졌고, 다른 대부분의 요인들은 귀국을 준비했다. 그러나 임시정부의 귀국은 쉽지 않았다. 패망국인 일본은 여전히 방해를 하고 있었고 미국 역시 임시정부를 승인하지 않고 있었다.

임시정부의 귀국만이 문제가 아니었다. 임시정부는 해외에 남아 있는 동포들의 귀환도 책임져야 했다. 한교선무단은 정부의 역할을 수행하고 중국 내 한국군(독립군)을 유지하거나 정리하기 위해 필요했다. 중국 내에 남아 있는 독립군 장병을 우선 광복군에 편입시키는 것이 목표였다. 그러나 임시정부가 정치적으로 고립되면서 무장한 대규모 광복군을 유지하는 데는 현실적인 한계가 있었다. 중국과 미국 역시 광복군과 임시정부의 편입과 무장에는 회의적이었다. 임시정부를 인정하면 미국이 원하는 신탁통치가 성립될 수 없기 때문이었다. 중국 역시 남한으로 먼저 귀국한 임시정부와의 정치적 차이로 잔류하고 있던 요인들의 무장을 동의할 수 없는 상황이었다.

여전히 임정의 손이 닿지 않는 곳에서 머물고 있는 민간 한국민의 보호가 필요한 시점이었다. 단순히 중국 대도시에 있는 동포들, 즉 자력으로 귀국할 수 있는 동포들뿐만 아니라 오지에 있거나 여타의 어려움을 겪고 있는 동포들을 위해 책임을 질수 있는 장치를 마련해야 했다. 임시정부는 마지막이 될 수도 있는 임무를 양승만에게 부여했다. "양동지, 동포들이 안전하게 고국의 품으로 돌아갈 수 있도록 이들의 안전한 여정을 부탁합니다."

7. 끝내 돌아오지 못한 양평의 양건석 삼대

임무는 고되고 복잡했다. 많은 이들을 안전하게 돌려보내는 것은 결코 쉬운 일이 아니었다. 양승만은 묵묵히 임무를 수행했다. 그러나 문제가 생겼다. 중국 공산당의 탄압 때문이었다. 이들의 탄압으로 목숨을 잃은 동지도 생겼다.

양승만 역시 구류 생활을 하고 풀려났다. 공산당의 입김이 닿는 곳에서는 더 이상 임무를 수행하기가 어려웠다. 양승만은 신숙 선생을 만나 대책을 논의했다. 별다른 대책이 있을 수 없었다. 또 다시 지하공작을 통해 임무를 이어가는 수밖에 없었다. 양승만의 공식적인 기록이 더 이상 존재하지 않는 이유이다. 기록에 남지 않은 독립군의 모습은 기억 속에서 사라져버렸다.

1945년 2차 세계대전이 끝나고도 3개월이 지나서야 임시정부는 돌아올 수 있었다. 하지만 김구는 개인 자격으로 귀국해야 했고 김규식, 이시영, 김상덕, 엄항섭, 유동열 등 애국지사와 선우진, 민영완, 장준하, 윤경빈, 김진동, 석근영, 김유길, 안미생 등도 수행원 자격으로 귀국해야 했다.

일본이 떠난 뒤 들어온 소련군과 미군은 해방군이 아니었다. 그들은 새로운 점령군이었다. 그리고 그 두 점령군은 이 땅을 자신들의 영향력 안에 두기 위해 날카롭게 대립했고, 그 대립에 부화뇌동한 한국인들은 찬탁과 반탁의 싸움을 시작했다. 특히 남쪽에서 미군은 일제가 남기고 간 인력과 시스템을 그대로 이용했다. 북한에 진주한 소련군도 인민의 해방을 위해 도착한 군대는 아니었다. 그들

이름 없는 역사

역시 자신들에게 순응하지 않는 정치세력에 대한 숙청을 준비하고 들어온 정치세력일 뿐이있다. 그들은 한국 땅 북위 38도를 기점으로 자신들의 지배구역을 분할했다. 명분은 일본군의 무장해제를 위한 설정이었다. 그러나 미국과 소련의 대립 속에서 38선은 한국인들이 쉽사리 넘을 수 없는 벽이 되어버렸다. 임시정부의 김구는 휴전선을 넘어서 민족끼리 갈라서지 않도록 설득하려 했지만 미국은 남한만의 단독정부 수립을 주장하는 이승만의 손을 들어주었고, 끝내 남북은 갈라지게 되었다. 여전히 남과 북을 오고 갈 수는 있었지만 길이 점점 막혀가는 것이 보였다.

양승만은 초조했다. 그러나 마지막까지 임무를 수행해야 했기에 소식으로 들려오는 38선 이야기를 입안에서만 삼켜야 했다. 돌아갈 수 있다는 희망을 놓지 않으려 노력했다. 중국 내의 국공내전은 점점 더 가혹하게 진행되고 있었다. 광복군 출신의 양승만은 이대로 문이 닫히게 되면 자신은 영영 조국으로 돌아갈 수 없다는 생각을 하게 되었다. 양평 땅을 다시 못 볼 것 같았다.

1950년 6월 25일 한반도에는 전쟁이 일어났다. 남과 북은 서로의 가슴에 총구를 겨누었다. 양승만은 이제 자신이 돌아갈 고국은 없어졌다는 절망 섞인 탄식을 뱉어냈다. 그는 임시정부의 마지막 임무를 수행했지만 성공적 임무 수행을 보고하러 갈 수 없게 되고 말았다.

7. 끝내 돌아오지 못한 양평의 양건석 삼대

양승만의 딸,
양옥모

2차 세계대전이 막바지로 치닫던 1942년 중국에서 태어난 양옥모는 아버지에 대한 어릴 적 기억이 별로 없다. 주변을 알아보고 기억 속에 사람들을 새길 수 있게 된 시절부터도 아버지의 기억은 별로 남아 있지 않았다. 아버지 양승만은 말이 별로 없었고 다정다감하지도 않았다. 자신의 이야기를 잘 하지도 않는 분이었다. 양옥모의 기억에 남아 있는 아버지는 돌기둥 같은 사람이었다.

아버지는 몇 년에 한번 집에 나타나는 사람이었다. 무슨 일을 하는지 어디에 있다가 왔는지 전혀 알 수 없었다. 게다가 아버지는 늘 누군가에게 감시를 당하고 쫓기는 사람이었다. 아버지가 왔다 가면 누군가가 와서 아버지의 행적을 캐곤 했다. 물론 가족들 역시 내용을 잘 알 수 없으니 딱히 해줄 말이 없었다. 아버지는 존재하지만 부재한 사람이었다. 양옥모의 기억 속에서 아버지는 8살 때까지 한 번도 자신을 안아주지 않았다.

아버지의 빈자리는 어머니가 오롯이 감당해야 했다. 끼니를 걱정하는 날이 많아졌고 살아남는 것 이외에는 생각할 수가 없었다. 이해할 수 없는 가난이 이어지고 있었다. 양옥모는 점차 자라면서 자신이 차별당하고 있다는 생각이 들었다.

한번은 이런 일도 있었다. 양옥모는 중국인민해방군 문예단

이름 없는 역사

독립군 양승만 상사의 딸 양옥모 여사는
아버지의 조국으로 돌아와 여의치 않은 형편에도
봉사활동으로 하루를 보낸다. © 성민준

에 선발되었다. 중국에서 인민해방군이라는 곳은 더 높은 계층으로
올라갈 수 있는 아주 좋은 기회였다. 게다가 소수민족이었기 때문에
이렇게 좋은 기회를 놓칠 수는 없었다. 양옥모는 적극적으로 참여했
다. 그러나 결과는 당혹스러웠다. 양옥모는 주민성분조사 과정에서
탈락했다. 그 이유에 대해서는 자세히 알려주지도 않았다. 좋은 기회
를 놓친 것에 대한 아쉬움이 가시기도 전에 또 다른 차별을 만났다.
일반 회사에 취업을 하려 해도 도무지 취업이 되지 않았다. 이유를
선명하게 말해주는 곳은 없었다. 다만 개인적인 상황으로 채용을 할
수 없다는 애매한 답변을 듣곤 했을 뿐이었다.

　　차별은 그를 더욱 더 지하로 내몰았다. 양옥모는 이력서를
꼼꼼히 보지 않는 고된 생산직을 전전하며 생활을 이어갔다. 누구에
게 물어봐야 하는지 무엇이 문제인지 도무지 알 수 없는 상황이 이

어졌다. '중국내 소수민족이라서 차별을 받는가?'라는 생각도 해보았다. 양옥모는 이때까지도 자신이 한국인임을 모른 채 살고 있었다. 아버지의 역사가 존재하지 않는 것처럼 아버지의 나라도 존재하지 않았다.

═══ 마지막 독립군은 돌아왔지만

6.25 전쟁은 양승만의 모든 희망을 앗아갔다. 돌아갈 수도 주저앉을 수도 없는 낙오의 시간에 남게 되었다. 양승만은 가족에게 아무런 말도 하지 않았다. 아니 차마 할 수가 없었다. 절망의 시대를 살게 된 가족들에게 무슨 말을 해주어야 하는지 생각이 나지 않았다. 이방인이었다. 중국에서는 탄압을 받아야 했던 한국독립군이었고 고국에서는 잊혀진 이름이었다.

양승만은 1986년 혈육의 도움으로 대한민국에 돌아오게 되었다. 너무 오래 걸린 여정이었다. 한국에 먼저 돌아와 있던 동지들을 만났다. 광복군의 마지막 임무를 마치고 돌아온 양승만 상사는 가슴에 담아놓았던 한의 눈물을 흘렸다. 만주벌판 그 황량한 땅에서 돌아오는 길은 너무 멀었다. 동지들의 증언과 양승만의 기억으로 지나간 역사를 추려야 했다.

결국 그는 건국훈장 애족장을 추서받았고(1990년 8월 15일)

이름 없는 역사

독립군이었음을 인정받았다. 1993년에는 국가유공자증도 받았다. 그러나 양승만은 그 자리에 없었다. 1990년 3월 7일 비운의 교통사고로 이미 사망한 뒤였기 때문이다. 대한민국에 돌아와서 자신의 역사를 증명받지 못하고 눈을 감은 것이다.

1986년 귀국한 양승만은 중국에서 함께 항일투쟁을 하던 동지 신화균을 만났다. 너무 오랜 시간이 흘렀다. 신화균은 반백년 만에 만난 동지에게 묻는다.

"모두들 귀국을 했는데 왜 양 동지는 여태껏 귀국을 하지 않으셨습니까?"

상해 임시정부의 마지막 임무를 책임지던 양승만은 답한다.

"우리 동포가 모두 귀국한 후에야 돌아가겠다는 결심이 이제야 환국을 하게 된 이유입니다."

양옥모는 할아버지 양건석의 역사를 알아보기 위해 많은 단체를 찾아갔다. 할아버지의 이름을 물어보고 내용을 복사해서 확인하기도 했다. 하지만 양평에는 이름 석 자만 남아 있을 뿐이었다.

양옥모는 요즘 일과시간 대부분을 봉사활동으로 보낸다. 적십자사 회원으로 늘 봉사활동에 참여하고 그래도 남는 시간에는 주민센터에서 운영하는 치매노인 돌봄 활동을 하면서 하루를 보낸다. 아버지가 사랑한 나라이고 그 나라의 사람들이기 때문이다. 양옥모는 아버지의 나라를 아버지처럼 사랑하며 살고 있다. 비록 그 나라가 아버지의 이름을 너무 오랫동안 잊고 살았지만 말이다.

7. 끝내 돌아오지 못한 양평의 양건석 삼대

양평에는 아버지의 무덤이 있다. 그러나 양옥모는 아버지의 무덤을 찾아볼 수가 없다. 비석 하나 세워지지 않았던 아버지의 무덤은 비슷한 시기에 생긴 다른 무덤들 사이에 남아 있다. 아버지의 무덤을 알고 있던 형제들은 모두 세상을 떠났다. 양옥모보다 먼저 들어왔지만 서로 교류가 어려웠던 시절의 이야기이다. 지금 양옥모의 바람은 우선 아버지의 묘를 찾는 것이다. 하지만 아버지가 계신 곳이 국가의 도로로 강제 편입되기라도 해서 무연고 묘를 찾는 작업이 진행되지 않으면 먼저 찾아낼 도리가 없다. 양옥모는 자신이 살아 있을 때 아버지를 국립묘지에 모시고 싶다. 먼저 위패만이라도 모셔서 자주 찾아뵙고 싶다. 지금 아버지는 묘비 하나 없이 잠들어 있다. 10대에 떠난 양평 땅에 돌아오는 길은 너무도 멀고 쓸쓸했다.

이름
없는
역사

"모두들 귀국을 했는데 왜 양 동지는 여태껏 귀국을 하지 않으셨습니까?"
상해 임시정부의 마지막 임무를 책임지던 양승만은 답한다.
"우리 동포가 모두 귀국한 후에야 돌아가겠다는 결심이
이제야 환국을 하게 된 이유입니다."

8

광주학생운동과
보도연맹이
바꾼 운명,
채규호

═══ 1929년 가을 어느 날, 나주역

"하지 말라고!"
"조선인 주제에 까불지 말고."

1929년 10월 30일 오후 나주역. 광주발 통학열차가 도착했고 학생들은 개찰구로 향했다. 많은 통학생들이 개찰구로 걸어나올 때 일본인 학생 몇 명이 광주여자고등보통학교 3학년에 재학중이던 박기옥과 몇몇 조선인 여학생들의 댕기 머리를 잡아당기면서 모욕적인 발언을 내뱉었다. 여학생들은 계속된 희롱에 괴로워했다. 이때 기차에서 함께 내린 박기옥의 4촌 남동생 박준채(광주고등보통학교

2학년생) 등이 격분하여 일본인 학생들과 충돌했다.

　　일본인과 조선인 학생들이 뒤섞여 있던 통학열차는 늘 팽팽한 긴장 속에서 달리고 있었다. 종종 행패를 부리던 일본인 학생들에 대한 조선 학생들의 분노가 끓어오르고 있었던 것이다. 그래서 뭔가 사고가 터지리라는 것은 누구나 예견하고 있는 일이기도 했다.

　　플랫폼에서의 시비는 곧 일본인 경찰이 달려오며 수습되었다. 그러나 시대는 조선인들에게 관대할 리 없었다. 일본인 학생들은 훈방으로 풀려났지만 조선인 학생들은 구타당하고 구금되었던 것이다. 이 사건은 억눌린 조선인들의 저항에 불을 붙였다. 조선인들의 분노는 단순히 조선 여학생 희롱에 대한 분노가 아니라 일본의 조선지배에 대한 전국적인 저항으로 확산되었다. 서울에서 활동하던 몇몇 사람들이 내려왔다. 전국에서 시위를 준비하는 이들의 소리가 들려왔다.

　　싸움은 들불이 되어 거세게 타올랐고 곳곳에서 일본 경찰과 시위대의 충돌이 이어졌다. 채규호는 당시 광주고등보통학교 5학년이었다. 그는 거세지는 충돌을 막아야 한다는 의견에 따라 회합을 준비했다. 그래서 우선 조선인 학생대표로 일본인 학생들을 만나려했다. 그러나 일본인 학생들은 교만했고 문제해결을 해야 할 이유를 찾으려 하지 않았다. 채규호는 학교로 돌아왔다. 교우들에게 이야기를 그대로 전했다. 학생들은 다른 대책이 필요했다.

　　11월 3일. 명치절(明治節). 일본 천황의 생일을 기리기 위해

　　　　　　　　　　　　8. 광주학생운동과 보도연맹이 바꾼 운명, 채규호

1929년 11월 5일 광주학생운동 관련 기사를 실은 중외일보.

'기미가요'를 불러야 하는 날이다. 각 학교의 조선인 학생들은 기미
가요를 부를 생각이 없었다. 절망적인 조선의 현실 속에서 학생들이
표현할 수 있는 작지만 결연한 저항이었다. 결국 그 날 기미가요는
불리지 않았다.

　　수레가 움직이고 마차가 움직이는 길. 학생들이 길 위로 나
오기 시작했다. 광주의 수많은 학생들이 구호를 외치며 길 위로 나
서자 지켜보고 있던 시민들은 학생들을 응원했다. 학생들의 외침은
억눌린 민초들의 한과 다르지 않았다. 지배를 당하는 자들의 울분이
쏟아져 나왔다. 학생들은 격문을 준비하여 일제히 한 목소리를 내기
로 한다. 교사들은 학교 교문을 걸어 잠그고 이들을 막으려 했지만
역부족이었다.

이름 없는 역사

학생들은 광주 시내 거리 곳곳에서 일본 학생들과 충돌했다. 광주역 광장은 장작개비를 들고 몰려든 조선 학생들로 북적였다. 일선 학교에는 11월 9일까지 휴교령이 내려졌고 강경한 입장을 고수하는 학생들은 11월 12일 장날에 맞춰 격문을 인쇄하여 시민들에게 뿌렸다. 민족의 정신과 학생들의 반제국주의를 강력하게 주장한 글이 많은 사람들에게 전해졌다.

학부형 제씨에게 보내는 글

학부형 제씨여! 우리들의 요구는 결코 무리가 아닙니다. 따라서 우리들의 맹휴는 결코 틀림이 없는 행동입니다. 왜냐하면 금번 우리들의 맹휴는 연내광부고보 노예교육제도의 철제 하에서 극도의 유린을 당하고 위선과 기만에 속아오던 3백 노예의 최후비명의 절규이기 때문입니다.

보십시오. 학교당국자들은 6회나 거액의 교우회비를 강취하여 그 대부분을 체육운동(특히 경기)에 소비하고 있지 않습니까? 물론 체육 그것도 우리들을 위하여서라고 한다면 재언할 필요도 없으나 그 내면에 있어서는 우리들의 참다운 정신을 박탈하고 속히 부패한 고깃덩어리만을 제조하려는 가공한 정책입니다. 그리하여 소위 학교 도서실에서는 진부한 서적과 체육에 관한 서적만이 있고 그 외 조선말로 된 신문 잡지는 한 장도 없고 일본문, 영문 서적도 우리들의 상식을 제공할 만한 책은 하나도 없습니다.

그런데 이런 것을 다 학생들의 희망한 서적이라고 거짓말을 하고 있습니다. 여기에 있어서 우리들의 요구에 제1은 '교육의 획득 문제'가 절대로 필요합니다(학교장에게 낸 진정서 제1조를 말한 것임. 이하 2조, 3조도 위와 같음). 그 다음 제2는 학교당국 교육방침 문제의 개선, 제3은 한국인 교육문제 개선 등입니다. 어느 한 가지라도 우리에게 대하여 적절치 않는 것이 있습니까? 지면의 관계로 일일이 검토할 수는 없으나 그 곡절곡절에는 적어도 우리들의 생명을 도박하면서라도 최후까지 투쟁할 문제라고 믿습니다.

그렇기 때문에 문제가 순조롭게 진전되지 않을 때에는 절대적으로 폐교의 불가피성을 파악하지 아니할 수 없는 것입니다. 그 과정에서 27명의 퇴학자는 물론 374명 아니 우리 일동의 퇴학은 역연히 있을 것이 사실이므로 퇴학에 대한 전율 공포의 관념은 절대로 없어야 할 것입니다. 이 점에 있어서는 우리들의 목적을 달성할 최후까지 한 사람도 빠짐없이 법정적으로 투쟁할 것은 명백한 사실입니다.

(중략)

제씨여! 우리들 4천여 년이라는 긴 동안의 역사적 계통의 혈관에는 동일한 피가 움직이고 있는 것입니다. 그렇기 때문에 그 피를 동일한 통에 걸러 넣는다면 필연적으로 동화하여 합칠 것입니다. 부형 제씨여! 자기 자제 한 개인을 위하여 학교당국에 익익 예속한다는 것보다도 차라리 우리들의 전체를 위하여 분투하여주십시오. 이것이 정당한 길일 것이며 문제를 속히 해결시키는 유일한 방침입니다. 지금 서약서를 세출한다 할지라도 일개인이 통학하기는 도저히 불가능한 일이며 결국에는 문제가 순조로이 해결된다 할지라도 그 사람에게는 불가피의 위험이 육박될 것입니다.

부형 제씨여! 좀 더 타산적으로 비판 결정하십시오. 지금부터는 우리들도 각각 그 개성을 4백의 맹휴단에 의탁하고 결정적으로 항쟁하려 합니다. 제씨여! 부자 형제 전력 결심하여 문제 해결에 노력해주시지 않으시렵니까?

보십시오. 학교 측의 폭행은 더욱더욱 악화되어가는 형편으로서 어떤 학부형에게 대한 무리, 1년생에게 대한 무조건 구타, 맹휴생에 대한 폭압 등 현 단계에 있어서 분기치 않는 자는 피 없는 인간이요, 눈물 없는 인간입니다.

부형 제씨여! 우리들은 혈통적으로 부자 형제는 아닐지라도 민족의 계통적 부자 형제임은 사실입니다. 그렇기 때문에 새 조선 건설의 역사적 사명을 띠고 있는 미약한 우리들을 지도, 후원하여 용기를 돋아주셔서 일치협력으로 문제의 해결에 노력하여 주시기를 바랍니다.

- 광주고보맹휴 중앙본부 -

- 《사료로 보는 20세기 한국사》(김삼웅 지음) 중에서

지켜보고만 있을 일제가 아니었다. 길에서 목소리를 전하는

8. 광주학생운동과 보도연맹이 바꾼 운명, 채규호

학생들을 잡아 가두기 시작했다. 채규호는 학생들 앞에서 행동대를 지휘하고 있었다. 채규호는 처음 충돌이 일어난 때에 일제에게 잡혀 갔다. 그 당시 60여 명의 학생들이 구속되었다. 채규호는 판결을 받기 전까지 6개월 동안 옥살이를 해야 했다. 학생의 신분으로 영어의 몸이 되었다. 판결을 기다리는 시간은 짧지 않았다. 6개월 후 광주지 방법원에서 판결이 나왔다. 죄명은 보안법위반. 채규호는 금고 4월 집행유예 5년을 선고 받고 풀려났다. 식민지 조선에서 차별에 맞서 항의한 학생에게 주어진 가혹한 형벌이었다. 길은 여전히 어두웠고 가야 할 곳이 어디인지 알지 못했다.

▬▬ 일본과 만주를 거쳐 다시 고향 땅으로

채규호는 일본으로 건너가 공부하기로 마음먹었다. 당시 조선인이 유학하는 일은 쉽지 않았지만 집안의 도움과 채규호 본인의 의지로 일본행 배에 올라탔다. 채규호는 와세다 대학 문과에 진학해서 학업을 이어갔다. 조선의 시간도 흐르고 있었고 이국땅에서 묵묵히 학업에 매진하는 채규호의 시간도 흐르고 있었다. 3년의 시간이 지나고 채규호는 귀국을 결심한다. 조선으로 돌아가서 해야 할 일이 있다는 생각 때문이었다. 조선으로 돌아온 채규호는 소개와 면접을 거쳐 언론사에 일자리를 얻었다. 〈대중공론〉이라는 잡지를 만들어내는 대중공론사에서 근무했다. 여기서 경험을 쌓은 채규호는 조선일보에서 언론인 생활을 이어간다. 그러나 그 길 역시 순탄치 않았다. 일제의 언론 말살정책 뿐만이 아니었다. 채규호 역시 자신의 의지와 맞지 않는 언론사에서의 생활에 한계를 느끼고 있었다. 그렇게 흐린 시간은 흘러갔다.

1940년. 채규호는 딸을 얻었다. 이름은 절자. 어떤 손가락이 깨물어 아프지 않을까. 채규호는 자신을 바라보며 웃는 딸의 미소에 큰 위안을 얻었다. 먹고사는 것은 여전히 힘겨웠고 식민지에서의 삶은 더욱 가혹해져만 갔다. 채규호는 조선을 떠나기로 했다.

가장 가깝게 선택할 수 있던 곳이 만주였다. 조선인들이 많이 이주한 곳. 조국 땅에서 그렇게 멀지 않지만 일제의 가혹함이 조금은 덜한 곳. 채규호는 가족들을 이끌고 낯선 만주땅으로 이사를 결행한다. 다행히도 만주 땅에는 조선인들의 그림자를 쉽게 발견할 수 있었다.

먹고사는 일도 고민해야 했다. 배운 게 도둑질이라고, 잡지사에서 근무한 경험을 바탕으로 인쇄소를 열기로 한다. 처음에는 걱정도 많았지만, 그나마 운이 따랐다. 인쇄소 사업은 빠르게 자리를 잡았다. 3년만의 일이었다. 만주에서의 삶은 잘 제본된 잡지처럼 단정해지고 있었다. 직원들의 급여를 주는 일도 어렵지 않을 정도로 안정되어 갔다. 조선을 떠나 조선이 보이는 곳에서 살아가는 삶도 어느 정도 익숙해져 갔다.

올 것 같지 않았던 해방은 남의 손에 의해 부지불식간에 다가왔다. 일본 사람들은 모래톱을 지나는 물살처럼 빠르게 조선 땅을 떠나기 시작했다. 채규호는 다시 조선으로 돌아가야 했다. 만주에서의 생활이 안정되어 갔지만 그래도 돌아갈 곳은 나고 자란 조선 땅이었다. 다행히도 고향에는 형제들이 살고 있었다. '그래, 돌아가면 또 어찌 해서라도 살아지겠지. 돌아가자!' 채규호는 만주에서 이뤄 놓은 것들을 모두 정리했다. 식솔들은 다행히도 잘 따라주었고 인쇄소도 별탈없이 정리할 수 있었다.

길지 않은 여정 끝에 다시 고향땅으로 돌아왔다. 전라남도 무안군 삼양면이었다. 고향으로 돌아오긴 했지만 모든 것이 낯설었다. 당장 살 곳을 마련하는 것이 급선무였다. 몇 년 떠나 있지 않았는데도 길이 낯설었다. 형님의 도움을 받기로 했다.

"형님, 가족들과 머물 수 있는 자리가 필요합니다. 땅을 좀 사서 집을 짓고 살고 싶습니다. 형님이 좀 알아봐 주십시오."

형은 만주에서 돌아온 동생을 위해 땅을 준비해주었다. 해방된 조선으로 돌아와서 고향땅에 안착하는 것은 수월해 보였다. 이제 가족들과 함께 행복하게 사는 일만 남았다. 채규호는 이제야 마음이 놓였다.

이름 없는 역사

건국준비위원회에 몸담다

    엄혹한 일제 치하에서 벗어났지만 세상살이는 더욱 혼탁해졌다. 남아 있는 자들은 살아남기 위해서, 새로운 날을 맞이한 자들은 새롭게 살기 위해서 저마다 큰 목소리를 내기 시작했다. 무엇인가를 선택해야 하는 시절이 왔다. 채규호에게도 선택이 필요했다.

    채규호는 여운형의 길에 합류하기로 했다. 민족주의자들이 모두 귀국하지 않던 시절이었다. 여운형이 이야기하는 새로운 세상은 이 혼탁한 세상을 조금은 진정시킬 수 있을 듯했다. 채규호는 여운형이 주도한 건국준비위원회에 참여한다. 채규호가 담당한 직책은 무안군 선전부장이었다. 그때까지는 알지 못했다. 여운형을 따라 길을 나선 것이 나중에 어떠한 결과로 다가올 줄 말이다.

    새로이 정착한 고향 마을은 60여 가구가 살고 있는 작은 동네였다. 거의 다 흙벽으로 만들어진 작은 집들이다. 채규호는 가족을 위해 좋은 집을 짓고 싶었다. 형님이 마련해준 땅에 직접 집을 짓기 시작했다. 기와집을 짓는 것은 쉬운 일이 아니었다. 채규호는 가족들을 생각하면서 기와를 올렸다. 마당에는 깊게 우물을 팠다. 집은 점점 구색을 갖춰갔다. 봄이 되면 멀리서도 알아볼 수 있는 노란 개나리꽃이 만발하기를 기대하며 담벼락에는 개나리를 심었다. 봄이 되면 흐드러지게 개나리가 피는 집. 마을에 들어서면 가장 먼저 눈에

8. 광주학생운동과 보도연맹이 바꾼 운명, 채규호

채규호 선생의 생전 모습(왼쪽)

들어오는 집. 아이들도 기뻐하고 아내도 행복해 하는 모습이 그려졌
다. 겨울이 지나면 봄은 선물처럼 개나리꽃과 함께 찾아올 것이다.

집은 완성되었다. 계절이 지나 새로운 해가 왔다. 마을 어귀
에서부터 꽃이 핀 담벼락이 보였다. 집에서 가까운 목포에서 동네
견학차 가끔 학생들이 찾아왔다. 학생들은 꽃이 피어 있고 담벼락이
아름다운 이 집에 시선을 빼앗겼다.

"와! 이 동네에 이런 집이 있네요? 우물도 있어요!"

학생들은 남의 집 마당에서 구경을 했다. 채규호는 학생들을
반갑게 맞이했다. 동네 이야기는 물론이고 살아가는 이야기도 들려

이름 없는 역사

주곤 했다. 학생들은 마을에서 만난 어른의 이야기를 경청하기도 하고 때로는 마음에 새기고 싶은 이야기가 나오면 종이에 받아 적어 가기도 했다. 채규호의 집은 가족들만 사는 곳이 아니라 누구라도 상관없이 지나가다 들어와 시간을 보내고 가는 곳이 되었다.

채규호는 딸을 무척 예뻐했다. 그 당시 머리를 다듬어주는 곳을 찾는 것은 흔치않은 일이었다. 채규호는 딸을 의자에 앉히고 직접 머리를 다듬어주었다. 어린 아이에게 참 잘 어울리는 단발머리였다. 손수 가위를 들고 딸의 머리를 다듬어주는 시간은 아버지와 딸이 함께 사랑을 느끼는 순간이었다.

딸은 언제나 소중했다. 채규호는 딸에게 신발을 직접 만들어주기도 했다. 나막신을 만드는 것은 시간과 꼼꼼함이 필요한 고된 일이다. 하지만 아버지에게는 그 시간과 정성이 아깝지 않았다. 정성껏 만들어진 나막신을 신고 마당을 돌아다니는 딸을 보는 것은 아버지에게는 큰 즐거움이었다. 딸은 그렇게 사랑으로 자라났고 어느덧 학교에 갈 나이가 되었다. 돌아온 조선 땅에서 채규호의 아이가 학교에 들어갈 만큼 시간이 흘렀다. 그의 딸 채절자는 광주 삼영동국민학교에 입학했다.

채절자가 2학년이 되었을 때 채규호는 광주로 올라갔다. 생활을 위해서라도 시내에서 일자리를 구해야 했다. 아이는 커가는데 가족들을 마냥 시골에서 머물게 할 수는 없었다. 고향에서의 생활은 조용하고 아늑했지만 생각해야 하는 또 다른 현실이 있었다. 채규호

8. 광주학생운동과 보도연맹이 바꾼 운명, 채규호

는 광주에 살고 있는 친구들을 수소문해서 일자리를 부탁했다. 광주에서 자리를 잡는 것은 마음처럼 쉽게 이루어지지 않았다.

═══ 보도연맹의
어두운 그림자

보도연맹은 '좌익경력이 있는 국민을 보호하고 지도하여 바른길로 인도하자'는 취지로 1949년 6월에 만들어진 반공교화단체이다. 해방 이후 남한사회를 잠시나마 물들였던 좌익편향적인 국민을 진정한 의미의 대한민국 국민으로 이끌어보겠다는 당시 이승만 정부의 정책이었다. 그들의 관점에서 나라를 망하게 하는 것은 좌익이었고 국가를 부정하고 불만을 토로하는 자들은 해방된 나라의 적이었다. 이승만은 그래도 모든 국민을 사랑한다면서 그들을 바른 길로 인도하고 행복하게 하겠다고 연일 라디오로 목소리를 들려주었다.

신문과 라디오에서는 연신 '보도연맹'을 통해 대한민국 국민으로 '다시' 태어나라는 홍보를 했고, 보도연맹이 무엇인지도 모르는 까막눈 촌부들에게는 '보리쌀 한 되'를 주겠다며 짐짓 선심을 썼다. 자신의 이름 석 자도 못 쓰는 촌부들이 보도연맹의 명부를 채우기 시작했다. 어느 한 날 저자거리에 나가서 보도연맹에 가입하고 돌아온 노모의 손에는 보리쌀이 한줌 쥐어져 있었다. 그 쌀의 무게는 그리 무겁지 않았다.

이름 없는 역사

당시 채규호의 형은 광주고등학교 교장이었다. 형은 채규호에게 말했다. "규호야. 대한민국에서 먹고 살려면 보도연맹에 가입해야 한다."

채규호는 썩 내키지 않았다. 하지만 형의 말을 쉬이 거스를수 없었다. 형의 말을 듣고 보도연맹에 가입했다. 여전히 내키지 않았다. 피 끓던 학생 시절 광주의 거리에서 느꼈던 그 이름 모를 한기가 스멀스멀 기어 올라왔다. 앞이 보이지 않는 오리무중 속에서 안개가 입안으로 들어오는 새벽의 한기였다.

같은 시기에 가입한 사람들의 면면을 보니 이 지역에서 글깨나 배운 사람들이었다. 의사, 박사, 교수 등등. 채규호는 그저 그런 지식인들의 모임이라는 생각을 하고 있었다. 별 의미 없는 가입이었고 그다지 의미 없는 모임이었다. 처음 모임에 나오라는 말을 듣고 나갔다. 모임 장소는 광주 도청 광장이었다. 많은 사람들이 모였다. 대접도 후했다. 음식도 잘나왔고 별다른 주제 없이 살아가는 이야기만 실없이 나누었다. 모임에 가입해줘서 고맙다는 내용만 듣고 돌아왔다.

얼마 후 6.25전쟁이 터졌다. 그리고 갑자기 보도연맹 모임이 있다는 소식이 들렸다. 내키지 않았다. 전쟁으로 뒤숭숭한 분위기에서 모임에 나가고 싶은 생각이 들 리 만무했다. 그런 때일수록 가족과 함께 있어야 했다. 채규호는 모임에 나가지 않았다. 그러자 순경 두 사람이 찾아왔다. 채규호를 찾았다. 명단을 들고 있었다. 채규

8. 광주학생운동과 보도연맹이 바꾼 운명, 채규호

호의 아내는 순경들의 물음에 답을 하지 않았다. 순경들은 계속해서 채규호의 처를 추궁했다. 채규호는 어쩔 수 없이 보도연맹에 나가기로 결심한다. 가족들을 위해서였다.

"여보, 나 오늘 이 옷 입고 나가요. 잘 봐둬요. 이 안 저고리에 도민증이 들어 있어요."

채규호는 아내에게 덤덤하게 말을 전했다. 왠지 이 말을 전해야만 할 것 같았다.

"만일 내게 무슨 일이 있으면 이 안주머니를 뒤져 보소."

채규호의 아내는 무슨 영문인지도 모른 채 가슴이 덜컹 내려앉는 듯했다. 남편의 말이 예사롭지 않게 들렸다. 그러나 모임에 나가는 남편을 말릴 수도 없었다. 집을 떠나는 남편의 뒷모습만 지켜볼 뿐이었다.

트럭에 모두 올라타라는 말이 떨어졌다. 채규호는 눈을 감고 차에 올라탔다. 트럭은 모임에 나온 사람들을 싣고 광주 외각으로 이동해 광주 인근 광산군 비아면에 도착했다. 모두들 차에서 내렸다. 무장한 자들은 총으로 위협하면서 미리 파놓았던 토굴 속으로 사람들을 몰고 갔다. 거기까지였다. 비오듯 총탄이 쏟아졌고 그곳에 끌려온 사람들은 모두 쓰러져갔다. 보도연맹 가입을 빌미로 전국 곳곳에서 수많은 이들이 그렇게 쓰러져갔다. 극한의 이념 대결이 낳은 비극이었고 이승만 정권의 잔악한 만행이었다. 채규호의 삶도 거기까지였다.

이름 없는 역사

　　1950년 6.25일 전쟁 발발 직후 6월 말부터 9월까지 이승만
정부에 의해 보도연맹이라는 단체의 회원들이 집단 학살되었다. 이
승만 정부는 보도연맹의 의무가입 대상을 광범위하게 규정하였고,
좌익과 상관없이 가입되어 있던 일반 국민들도 함께 목숨을 잃었다.

　　보도연맹원들이 죽었다는 이야기는 소문처럼 떠돌았다. 누
군가 와서 직접 말을 해주는 것도 아니었다. 마을 전체가 흉흉한 이
야기에 휩싸였다. 채규호의 아내는 남편의 친구 집에 찾아갔다.

　　이미 그 집도 소식을 들었다. 남편의 친구도 죽임을 당한 것
이었다. 채규호의 아내에게 급히 비아면으로 가보라는 말만 전해줄
뿐이었다. 그곳에서 많은 사람들이 죽었다고.

　　채규호의 아내는 정신을 놓을 뻔했다. 그래도 남편을 찾아야
했다. 조카를 급히 불러 남편을 찾으러 비아면으로 함께 향했다. 모
든 것이 처참했다. 토굴 안쪽 여기저기 시체들이 뒤엉켜 있었고 대

부분의 시체들은 얼굴을 알아볼 수조차 없었다. 시체를 쉬이 찾을 수 없게 하려고 그랬는지, 혹은 확인 사살을 하기 위해 그랬는지 모를 일이었다. 게다가 날씨는 시체가 썩어가기 좋은 날씨였다. 아비규환이었다. 시체를 한 구 한 구 거두어 내면서 남편을 찾기 시작했다. 채규호의 시신은 쉽게 발견되지 않았다. 남편의 이야기가 생각났다. "만일 내게 무슨 일이 생기면 저고리 안주머니에 도민증을 넣어둘 테니 거기를 뒤져 보소."

시체들의 안주머니를 뒤지기 시작했다. 아침에 남편이 입고 나간 옷을 기억해보려 애를 썼다. 피범벅이 된 시체들의 안주머니를 열어보는 모습을 누군가 바라봤다면 아마도 이곳이 지옥이라 생각했을 것이다. 갑자기 조카가 저 쪽에서 외쳤다.

"작은어매, 여기 작은아버지가 계시오!" 채규호의 처 역시 비명에 가까운 소리를 지르며 달려갔다. "조카, 윗저고리 단추를 풀고 속에 뭐가 있는지 보소. 송장이라도 찾아야지."

그렇게 얼굴조차 알아볼 수 없는 채규호를 찾았다. 온통 피범벅이 된 시체 저고리 안주머니에 채규호의 도민증이 있었다. 가족에게 돌아올 수 있도록 미리 말을 해놓은 덕분이었다. 시체라도 찾았으니 그나마 다행이라고 해야 할까. 옆에서 썩어서 부풀어가는 시체들은 가족에게 돌아가지 못하고 엉키어 있는데 채규호는 그래도 돌아왔다.

단지 대한민국에서 먹고 살기 위해서, 단지 여운형의 노선을

이름 없는 역사

지지했다는 이유로, 단지 보도연맹이라는 단체에 이름을 올렸다는 이유로 채규호는 얼굴을 잃어버린 채로 짧은 생을 마쳤다. 대한민국은 그의 얼굴을 가족에게 돌려주지 않았다.

채규호는 선산에 묻혔다. 목포에 있는 선산에 누울 수 있는 것만으로도 다행이라고 믿어야 하는 시대였다. 집으로 돌아가지 못한 전국의 수많은 죽음들보다 나은 일이라고 위안해야 했다. 마흔 살 즈음의 청년은 조국에 의해 살해당했다. 채규호는 그렇게 세상을 떠났다. 가장이 떠난 후 가족들의 삶은 피폐해질 수밖에 없었다.

▄▄▄ 채규호의 딸, 채절자

채절자는 중학교를 졸업하고 목포에 있는 우체국장 박명수에게 찾아간다. 아버지 채규호의 후배였던 그에게 취직을 부탁하기 위해서였다. 박명수는 채절자를 따뜻하게 맞이했다. "선배의 딸이라면 내가 당연히 도와줘야지. 취직이 가능한 곳을 알아보자."

채절자는 목포전화국 전화교환수로 취직했다. 전화가 오면 해당 번호를 직접 선으로 연결해주는 일을 했다. 채절자는 성실하게 일했다. 그의 성실함에 직장 동료들의 신망과 애정은 쌓여갔다. 직장에서는 당시 유행하던 미인대회에 나가보라는 실없는 농담을 듣곤 했다. "키가 작아서 미인대회는 어려워요"라고 쑥스럽게 말하던 채

8. 광주학생운동과 보도연맹이 바꾼 운명, 채규호

절자는 이후 체신청에서 개최한 미인대회에서 목포 전화국의 '미스 목포'로 선발되었다.

어려운 가정 형편에도 채절자는 돈을 벌어 동생들의 공부를 시켰다. '나는 일을 하지만 동생들은 내가 책임을 져야 해. 아버지가 있었다면 당연히 이렇게 했을 거니까.'

어느 하루, 정미소에 전화 연결을 해주었다. 정미소 번호는 603번이었다. 서울에서 걸려온 전화였다. "전화 연결되었습니다." 그렇게 연결된 정미소 집 남자의 목소리. 목소리는 매력적이었다. 그렇게 몇 번 연결을 해주었다. 남자가 교환수 채절자에게 말을 건넸다. "시간 되시면 한번 만나볼 수 있을까요?" 채절자는 고민을 했다. 목소리만 듣고 사람을 만나는 것은 용기가 필요한 일이었다. 목소리에서 느껴지는 따스함이 있었다. 채절자는 용기를 내어 만나보기로 결심한다.

약속 장소에 나온 남자는 목소리 이상으로 매력이 있는 사람이었다. 얼굴도 하얗고 셔츠도 그에 맞게 흰색이었다. 게다가 멋을 아는 사람이었다. 유행하는 커프스 단추까지 채우고 있었다. 채절자는 그 남자에게 반했다. 그렇게 정미소집 아들을 만나서 데이트를 하는 행복을 누렸다. 그러나 행복은 쉬이 오지 않았다. 예비 시댁에서는 거칠게 반대했다. 채절자의 집은 주변에 알려진 것처럼 독립운동을 하던 채규호의 집이었고, 예비 시댁은 일제 때부터 부를 축적한 집이었다. 어쩌면 반대는 당연한 것이었을지도 모른다. 그래도 연

이름 없는 역사

애를 하는 자식들에게 끝까지 반대를 할 수도 없는 일. 결혼은 그대로 진행되었다.

　그러나 목포에서 사업을 하던 시댁의 가세가 급격히 기울기 시작했다. 시댁 가족은 뿔뿔이 흩어졌고 채절자는 아이들만 데리고 서울로 올라가기로 결심했다. 시댁에서는 서울 북가좌동에 집을 한 채 얻어주었다. 채절자는 목포 생활을 접고 서울로 올라왔다. 그 해가 채절자의 나이 22살 되던 1962년이었다. 서울에는 형편이 그럭저럭 넉넉한 사촌동생이 살고 있었다. 그 동생을 통해 서울에서 생활을 이어갈 대책을 준비했다.

　시간은 한 사람의 역사를 읽어주기에도 버겁게 흘러갔다. 채절자는 중년을 훌쩍 지난 나이에도 먹고 사는 비루한 일에서 벗어나지 못하고 있었다. 그래도 다행이다. 노년이 되기 전에 아파트 상가 한구석에서 아이들을 상대로 떡볶이와 순대를 팔고 있었다. 아이들은 채절자의 떡볶이를 자주 찾았고 덕분에 일하면서 외롭지 않은 공간을 갖게 되었다. 그렇게 또 몇 년을 보냈다.

　이제는 일을 한다는 것이 몸에 원치 않은 무게를 얹게 되었다. 무릎도 좋지 않고 예전처럼 한나절 어린 손님들을 기다리면서 가게에 앉아 있는 것이 힘들었다. 그래도 가끔 어릴 때부터 이곳에 들려서 간식을 먹던 어린 손님들이 어른이 되어 아이들과 함께 찾아오는 보람 덕분에 버틸 수 있었다. 하지만 서서 버티는 것조차 어려워지자 그는 가족들과 즐거운 시간을 보내기 위해 가게를 접었다.

　8. 광주학생운동과 보도연맹이 바꾼 운명, 채규호

아들은 고맙게도 채절자와 외할아버지의 역사를 자랑스러워한다. 객식구일줄 알았던 며느리는 딸보다 더 애교가 많다. 그는 요즘 편치 않은 몸을 이끌고 봉사활동을 하기 위해 집을 나선다.

━━ 잃어버린 아버지의 이름을 찾아서

아들이 자신에게 잘해줄 때마다 채절자는 아버지 생각이 문득 난다. 그 정도의 행복도 누리지 못하고 먼저 가셨으니 그 뒷모습이 그립고 안타깝다. 어린 시절 돌담에서 꽃을 보살피고 나막신을 다듬어주시던 그 모습이 눈에 선하다. 길에 비춰지는 햇볕에서 그때의 그림자가 기억난다. 그때는 맑은 광주였다. 그리고 그때의 아버지는 참 곱게 생기셨다.

"아버지… 나도 이제 갈 나이인데… 생각해보면 아버지는 참 불쌍하지요. 꽃다운 나이에 우리 아버지는 먼저 가셨네요. 마흔 살 즈음이면 얼마나 꽃다운 나이예요? 서글프지요. 안타깝고 한없이 불쌍하네요."

아버지의 이름을 조심스럽게 다시 이야기하게 된 것은 남동생이 대학을 졸업하고 형제들이 사회생활에 정착한 즈음이었다. 채절자는 어머니에게 말을 꺼냈다. "엄마, 라디오에서 자꾸 광주학생운동 했던 사람들이 독립유공자로 인정받았대요. 우리 아버지도 그렇

이름 없는 역사

게 큰일을 많이 하고 그랬는데, 한번 신청해볼까요?"

　　동생은 원호처에 서류를 넣었다. 그러나 일은 순탄치 않았다. 당시 대통령은 노태우였다. 노태우, 김영삼, 김대중… 대통령이 세 번 바뀌었지만 아무런 이야기도 들리지 않았다. 시간이 지나 노무현 대통령 때 보도연맹 가입자들도 독립운동에 대한 공훈을 확인하겠다고 공표했다. 50년이 넘는 세월 동안 남겨진 가족들은 아버지의 이름을 찾을 수 없었다. 채규호의 가족은 그 시간 동안 숨어 있어야 했고 먹고 살기 위해 버둥거리고 있었다. 나라에서 채규호의 이름을 찾아보겠다고 우리에게 손을 내밀어준 이는 아무도 없었다. 채규호의 아들이 성인이 돼서 직접 찾아가야 했다.

　　시간은 잔인했다. 채규호의 아들은 서류에 대한 답을 기다리고 있던 중 먼저 저 세상으로 떠났다. 채규호의 아내도 1999년에 사망했다. 답을 기다리던 사람들은 대답을 듣지 못했다. 그러다가 2006년이 돼서야 채규호의 서훈이 인정됐다. 채절자는 2008년 서류를 받아들고 한동안 바라보기만 했다. 서류를 들고 아버지의 이름을 찾아 헤매던 남동생은 이미 세상을 떠나고 없었다. 얼굴이 없어진 아버지의 시신을 손에 들고 통곡하던 어머니도 세상을 떠났다. 아무 의미도 없는 서류를 바라보며 채절자는 허탈함을 넘어 허한 웃음만 지었다.

　　"아버지는 참 다행이네요, 가슴에 도민증을 넣고 있었으니. 지금 와서 울기를 하겠소? 아니면 아버지를 원망하겠소? 시신이라

채규호 선생은 2006년에서야 독립운동에 대한 공훈증을 추서받았다.

도 찾았으니 다행이지요. 현충원에 아버지랑 어머니를 모셨잖아요. 잘된 일이네요. 이제는 다 지나간 일이네요. 이제 와서 슬퍼하면 뭣 하겠어요."

해마다 아버지에게 가는 날은 따로 있다. 10월 17일. 아버지를 대전 현충원에 모신 날이다. 명절엔 가지 않아도 꼭 가야 하는 날은 3.1절과 광복절이다. 아버지를 기억하고 이야기할 수 있는 날이기 때문이다.

독립운동에 대한 서훈 말고 보도연맹 사건에 대한 피해보상

이름 없는 역사

이나 사과는 없었다. 노무현 대통령이 아버지 이름을 찾아준 것 말고는 아무런 보상이 없었다.

　　채규호의 이름은 다행히도 기록에 남아 있었다. 세상을 떠난 채절자의 동생과 사촌동생이 온갖 수소문 끝에 아버지 채규호의 이름을 찾아냈다. 그래서 모순과 망각의 시대에서 누락되지 않고 돌아왔다. 아직도 비아면 어느 골짜기 땅 속에는 수많은 이름들이 묻혀 있다.

　　채규호는 1929년 11월 3일, 광주학생운동 1차 궐기시 가두투쟁 때에 행동대를 지휘하다가 체포되었으며, 4개월여의 옥고를 치르고 소위 보안법 위반으로 금고 4월 집행유예 5년을 받아 출옥했다. 이를 근거로 대한민국 정부는 고인의 공훈을 기려 2006년에 대통령 표창을 추서했다.

9

교육으로
나라를 지키려 했던
하상세

▬▬ 조국의 운명과 함께
흔들리는 청년

하상세는 1918년 3월 4일 경남 창녕에서 태어났다. 창녕에서 나고 자라서 학교를 다니던 하상세는 성년이 되자 일본으로 유학을 떠났다. 일제 치하에서 차별받고 탄압받는 조국을 버리고 싶었던 것이 아니라 신문물과 교육을 통해 청년의 힘을 길러야 한다고 생각했기 때문이다.

하상세는 1940년 4월 25일 일본에서 유학하는 유학생들과 함께 모임을 만든다. 빼앗긴 조국의 이야기와 암울한 미래를 논하면서 어디로 가야 하는지 같이 머리를 맞대는 자리였다. 이틀 후 이 모임은 조선어학연수회로 이름을 바꾼다. 겉으로는 학습을 위한 모임

이름 없는 역사

처럼 이름을 만들었다. 그러나 실제로 이 단체의 목적은 같은 민족 간의 친목도모는 물론이요, 민족사상을 고쳐시키며 조국에 대한 고민을 나누는 것이었다. 하지만 일본의 탄압으로 여러 차례 경찰조사를 받게 되었고, 단체는 강제 해산된다.

하상세가 일본에서 유학할 무렵은 동북아 정세가 요동치고 있었다. 1937년 일본은 대륙으로 진출하기 위해서 한반도를 병참기지화하고 인적·물적 자원을 수탈하기 위해 민족말살정책을 시도한다. 1941년 12월에 미국 진주만을 폭격한 일본은 태평양 전쟁을 일으켰다. 전쟁 발발 초기에는 일본의 우세처럼 보였으나 곧 미국의 막대한 물량공세로 전세는 역전되었다. 1942년 5월 일본은 한반도의 물적 자원과 전투에 투입할 병력을 징집하기 시작했다. 조선의 젊은이들은 일본의 강제징집에 속수무책으로 끌려갔다.

일본에 유학하고 있던 한국인 유학생들의 상황도 마찬가지였다. 여러 가지 죄목과 이유를 만들어서 유학생들을 강제징집하기 시작했다. 흉흉한 소문이 나돌았다. 일제는 징발한 병력들 중 일부를 가미카제로 차출해서 소중한 생명들을 사지로 내몰았다. 하상세 역시 더 이상 일본에 있는 것은 안전하지 못하다고 생각했다. 하상세는 서둘러서 귀국길에 올랐다.

일본을 빠져나올 때 도움 받은 이가 있으니 바로 밀양 출신의 의열단 단원 윤세주였다. 밀양은 하상세의 고향 창녕과는 매우 가까운 곳이다. 그러다 보니 서로 알고 지내는 집안도 많았고 지인

9. 교육으로 나라를 지키려 했던 하상세

들의 교류도 빈번했다. 당시 혼처는 앞산 넘어 개울 넘어 한동네처럼 지내던 곳에서 찾기 마련인데, 하상세의 누나가 윤세주와 가정을 이루게 된 이유다.

밀양은 독립운동가들이 많이 배출된 지역이다. 일제가 가장 두려워했던 의열단 단원 중 절반이 밀양 출신이다. 같은 학교 같은 동네 선후배 사이인 청년들이었다. 동네 사람들의 기질이라고 하기에는 연관성이 부족할 수 있으나 거기에 친족 및 친분관계를 더하게 되면 영향이 없다고 할 수는 없을 것이다. 밀양과 인접한 창녕군 영산면 출신도 비슷한 기질을 가지고 있다. 이곳은 아직도 해마다 3.1운동 기념식을 거창하게 치르고 있다. 창녕군 영산면은 경남 최초의 3.1운동 발현지이며 영산결사대가 조직되어 투쟁에 앞장선 지역이다.

약산 김원봉과 함께 의열투쟁을 했던 의열단은 1919년에 결성된 이후 총 11건의 거사를 준비하여 여러 차례 일제의 제국주의에 경종을 울렸다. 일제 식민통치의 중추적 역할을 하던 조선총독부, 동양척식회사, 식산은행들을 동시에 타격하는 거사를 준비하기도 했다. 그리고 1926년까지 식민통치에 대한 강한 경고의 메시지를 보내며 일제를 압박해갔다.

임시정부의 백범 김구의 현상금이 당시 금액으로 60만 원이었는데, 의열단 단장 김원봉의 현상금은 100만원이었다. 그만큼 의열단의 활동은 일제에게 큰 위협이었고 대책을 세우기 어려운 심각

이름 없는 역사

한 문제였다. 당시 무력투쟁을 반대하던 이승만과 무력항일투쟁 역시 강제 합병당한 조선인의 권리라고 여긴 김구의 갈등이 계속되던 시기이기도 했다. 이승만은 임정과 의열단의 활동을 테러라고 칭하면서 끊임없는 반대를 일삼았다. 그리고 투쟁의 결을 같이한 김구 옆에는 윤봉길, 이봉창 같은 이들이 있었다. 하지만 의열단은 조국해방을 위해 협력하면서도 임시정부와는 다른 길을 선택했다.

▰ 독립운동가에서 교육자로

일제는 1938년 '국가총동원령'을 시행하여 징병을 제외한 여타의 경우에도 노동력을 투입하는 강제동원을 실시한다. 이후 일제의 징용은 1943년부터 무차별적으로 진행되었다. 국민징용, 보국대 등으로 약 648만 명을 강제로 동원하여 한반도 북부의 군수공장 및 탄광 등으로 투입했다. 조선의 민초들은 지독하게 열악한 환경 속에서 노동착취에 시달려야 했다.

고국으로 무사히 돌아온 하상세는 이후 고향에서도 끊임없는 징용의 압박을 받았다. 결국 하상세는 징용을 피해 서울로 피신했지만 체포당하고 만다. 1943년 원산형무소에 수감되었고, 1944년에는 원산 군수공장에 노역 동원되었다. 하상세는 원산 군수공장을 폭파하려는 시도를 하기도 했지만 일제에게 발각되고 말았다. 하지

9. 교육으로 나라를 지키려 했던 하상세

만 원산형무소에서 형을 받고 복역 중 일제는 패망하였고 조국은 독
립을 맞이했다.

　　하상세는 형무소를 나오자 다시 고향으로 돌아온다. 그러나
해방된 조국의 고향땅은 여전히 해방된 땅이 아니었다. 한반도는 이
념 갈등이 극에 달했고, 친일파의 잔재들, 새로이 부역하는 친미파
들, 그리고 여전히 죽창을 들고 싸우려는 자들로 혼탁했다. 일제 치
하에서 독립운동을 했던 많은 이들이 좌파라는 이름으로 몰렸다. 좌
파는 사회활동을 막는 낙인이었고 원죄였다. 일제 치하에서 부역을
하던 많은 이들이 이제는 좌파라는 낙인을 찍어대면서 이 땅을 공포
분위기로 내몰았다.

　　좌파로 몰린 이들은 자기 집에서 쉬이 나갈 수조차 없었다.
당시에 국제적으로는 좌파활동이 활발했으나 대한민국에서는 좌파
로 찍히면 해를 입을 수 있으니 숨어서 지내야 했다. 이들 중 일부는
이후 쿠데타로 정권을 잡은 박정희가 광복회를 만들기 위해 수소문
하는 과정에서 사회로 나올 수 있었다. 박정희는 쿠데타로 만들어진
정부의 당위를 확보하기 위해 일부의 독립운동사를 발굴하고 광복
회를 만들었던 것이다.

　　밀양의 의열단 단장 김원봉은 남한에서는 아무것도 추서받
지 못했다. 가족부터 그걸 증명하려 하지 않았다. 해방 이후 남한에
서 독립운동가 김원봉을 이야기하는 것은 일종의 금기였다. 밀양에
있는 밀양 출신 독립운동가들의 표식에도 김원봉 이름은 있지만 그

　　　　　　　　　　　　　　　　이름 없는 역사

의 공훈은 없다. 국가에서 김원봉을 인정하지 않았기 때문이다.

김원봉이나 윤세주나 후손들이 독립운동 경력을 자랑스럽게 말
할 수 있는 입장이 아니었어요. 김원봉은 사회주의자였기 때문에
대한민국에서 인정받을 수 없었지요. 그리고 간첩 집안, 빨갱이
집안, 테러리스트 집안으로 몰렸고, 가족사를 숨겨야만 했어요.
독립운동가는 3대가 가난하고 친일파는 3대가 부자라고 하잖아
요. 독립운동가 집안이라는 것을 자랑스러워 할 수조차 없었지요.
— 강창수(하상세의 아내)의 증언 중

좌파 계열 독립운동가들은 끼니를 때우기 위해 움직이는 것
도 눈치를 봐야 했다. 그것도 나고 자란 고향땅에서 말이다. 하상세
역시 아무것도 할 수 없었다. 고향을 떠나야 했다. 마침 운이 좋았는
지 미군 부대에 어렵사리 취직해 겨우 밥벌이를 할 수 있었다. 그러
던 차에 고향에서 전언이 왔다. 집안의 가장 노릇을 하던 형님이 돌
아가셨다는 것이다. 고향으로 돌아가야 했다. 가장이 없는 집을 만들
수는 없는 노릇이었다. 하상세는 고향으로 돌아와서 형님의 역할을
대신해야 했다.

고향으로 와서 주변을 돌아보던 중 하상세는 갑갑함을 느꼈
다. 한 가족의 자식들 중 대부분 아들만 학교를 보냈고, 딸들은 아예
교육의 기회를 갖지 못했다. 물론 다들 평계는 있었다. '먹고 사는 것

9. 교육으로 나라를 지키려 했던 하상세

도 힘든데 학비 마련은 언감생심이다. 아들이라도 보내고 딸들은 그 아들의 학비를 벌어오는 것이 그나마 살 길이다.'

　　나고 자란 고향에서 이런 모습을 지켜보는 것은 곤혹스러운 일이었다. 아들들은 돈을 빌려서라도 공부를 시키고 딸들은 그저 논밭에서 일을 거들거나 돈을 벌기 위해 고향을 떠야 했다. 하상세 본인은 그 엄혹한 시절에도 일본으로 유학까지 다녀오질 않았던가. 하상세는 독립운동도 나라를 구하는 일이지만 이제는 자라나는 아이들을 생각해서 나라를 구해야 한다는 생각을 했다. 고향의 열악한 교육 현실은 하상세가 교육자의 길로 접어든 계기가 되었다.

　　화왕산 입구에 학교 지을 땅을 준비했다. 돈이 많아서 시작한 일은 아니었다. 필요한 일이라는 생각만 앞세워 시작한 일이다. 당시 지역에는 먹고 사는 일이 급급한 이들이 많았다. 그래서 그 사람들에게 일당을 주고 노동자로 모이게 했다. 그들과 함께 돌산 앞에 섰다. 손에 들려 있는 것은 곡괭이, 삽, 호미였다. 사람들과 함께 돌산을 깎기 시작했다. 불가능해 보였지만 돌산은 깎이고 깎여 운동장이 되었다. 강창수(하상세의 아내)는 당시를 이렇게 회고한다.

　　일제강점기에는 조선인들이 배우게 되면 교육 수준이 올라가요. 일제는 그 상황을 막고 싶었던 것이지요. 그래서 일반 고등학교는 허가를 내주지 않고 기껏해야 직업학교, 즉 기술학교 공업학교만 허가를 내주었지요. 이름 있는 몇몇 명문 사학들만 허가를 받았어요. 창녕여중도 60년대가 되어서야 인가를 내어주었어요.

- 강창수의 증언 중

══ 평생의 동지를
만나다

　강창수가 처음 하상세를 만났을 때의 인상은 '그저 그런 사람'이었다. 독립운동처럼 결기 넘치고 험한 일을 한 것처럼 보이지 않았다. 하상세를 창녕 출신의 교육자라고 소개 받았고, 그에게서 온화한 느낌을 받았다.

　강창수는 서울에서 나고 자란 서울 토박이였다. 공부에 뜻이 있어서 혼인 적령기를 놓친 '노처녀'였다. 물론 가끔은 열쇠꾸러미를 들고 거들먹거리는 남자들도 있었지만 그런 이에게 마음을 주는 일은 없었다. 어느 날, 같은 교회를 다니는 교인 하나가 강창수에게 말을 걸었다. "우리 외삼촌이 노총각이긴 한데 교육자이고 사람이 참 좋아요. 한번 만나보세요. 지금은 창녕에서 학교를 설립해서 운영하고 있어요."

　그 교인은 당시에도 엘리트였던 강창수가 본인의 외삼촌에게 매우 어울리는 사람이라고 생각했다고 한다. 당시에 시골 사는 노총각이 인기가 있을 리 만무했다. 그러나 강창수 역시 어느 곳을 가더라도 '노처녀'라는 쑥덕거림에 지쳐 있기도 했다. 게다가 교육자

　　　　　9. 교육으로 나라를 지키려 했던 하상세

라고 하니 자신도 교육에 대한 열의가 있는 사람이었기에 한번 만나
보기로 결심했다.

첫 만남에서 하상세는 매우 자상해 보였다. 중간에서 소개해
준 이는 하상세의 외조카였다. 교육사업을 한다는 말도 신뢰가 있어
보였고 본인의 일에 의지가 있어 보이는 사람이었다. 그러나 소개해
준 외조카가 미처 말하지 않은 것이 있었다. '나이가 조금 있는 외삼
촌'이라고 했지만 실상은 나이 차이가 꽤 났다. 강창수는 1933년생
이었고 하상세가 1918년 생이었으니 외조카가 무려 10살을 속여서
만남을 만든 것이다. 그저 웃어넘길 수밖에 없었다. 두 사람은 더 이
상 인연이 아닌 듯했다.

그러던 중 10년의 세월이 지나 그때의 외조카가 다시 물어왔
다. 교제하는 사람이 있느냐고. 당시에도 딱히 교제하는 사람이 없었
던 강창수에게 그 외조카가 다시 한 번 만나볼 것을 권했고, 결국 두
사람은 10년이 지나서 다시 만나 가정을 이루었다.

처음에 결혼할 때는 '사립학교를 운영한다고 하니 밥은 안
굶겠다' 싶었다. 강창수는 '대부분의 사학들은 돈이 많다'라고 생각
했던 터였다. 그러나 막상 내려와 보니 상황은 정반대였다. 하상세는
본인의 모든 재산과 열정을 학교에 바치고 있었고 생활비는 받을 엄
두조차 못냈다. 처음에는 화가 났지만 시간이 지나서 생각해보니 그
열정에 대한 존경심이 들었다. 1970년대에 들어서부터는 정부에서
일부 지원금이 나오기는 했지만 그마저도 모조리 다시 학교에 쏟아

이름 없는 역사

부었다. 크게 웃고 이해를 하는 것이 더 좋겠다는 생각을 했다. '독립운동을 하던 그 열정이었을까'라고 생각하는 것이 마음 편했다.

삶의 열정을 학교에 쏟아붓다 보니 집에서 하상세는 빵점짜리 남편이었다. 강창수는 당시를 이렇게 회고한다. "독립운동가들이 가장으로서는 빵점이지요." 그러나 세월이 흘러 하상세가 세상을 떠난 뒤 학교 이사장을 강창수가 맡다 보니 이해가 되는 부분도 있었다. 하상세는 객쩍은 소리 한번 하지 않으면서 사는 내내 교육사업만 묵묵히 일궈나갔다. 강창수는 원망 아닌 원망조로 말한다. "생활비는 한 번도 얻어 써본 적이 없어요. 평생을 말이지요."

■■■ 홀로 지키는
학교

1990년 5월 8일. 독립운동가로서 청년기를 살다가 이후 평생 교육사업에 매진한 하상세는 심장마비로 숨을 거두었고 국립 현충원에 안장되었다. 남편이 세상을 떠나고 나니 당장 학교의 일이 큰 무게로 다가왔다. 서울에서 아이를 키우고 있던 강창수는 연고가 없는 창녕으로 무작정 내려갔다. 남편이 있을 때는 느껴지지 않던 구멍들이 너무나 크게 느껴졌다. 끼니를 제때 때우지 못하는 날도 있었다. 그렇다고 어디 가서 손을 빌리기도 어려운 일이었다. 남편은 일평생 교육자로 살아오면서 곳간에 채워놓은 것도 없는데 주변 사

9. 교육으로 나라를 지키려 했던 하상세

람들이 무심코 던지는 말에 상처만 입을 것 같았다.

학교에 있던 사택은 너무 낡았지만 그곳에서 지내야 했다. 그러던 어느 날 사택에 불이 났다. 다행히 인명피해는 없었다. 화재의 원인은 누전사고로 추정되었다. 당시 마산 보훈처에서 지원금을 주기 위해 현장 확인 차 왔다가 "아니 무슨 학교 이사장님이 이렇게 초라하게 사시느냐"라고 기막히다는 말을 하고 갔다. 어려운 시기였다. 그래도 학교는 지켜내야 했다. 창고를 개조한 숙직실에서 생활을 했다. 한평생 남편을 원망해본 적은 없지만 당시를 생각하면 지금도 감정이 복잡해지는 모습이다.

'교육의 기회는 공평해야 하고 부족함이 없어야 한다. 특히 여자라는 이유로 차별을 받으면 안 된다'라는 하상세의 생각을 바탕으로 학교는 창녕여중, 창녕여고, 병설유치원까지 갖추게 되었다. 그러나 창녕의 인구 감소로 인해 점점 더 학생 수는 줄어들고 있다. 취업에 유리한 과를 만들고 운영하기도 하지만 인구 감소로 인해 점점 더 규모가 작아지고 있다.

강창수는 먼저 떠난 남편을 만나러 현충원에 갈 때마다 기도한다. "생전에 그랬듯이 학교를 많이 생각해주세요." 누가 도와줄지는 모르지만 그 바람이 저 세상의 남편에게 전해지고 또 다른 누군가에게 전해지길 바랄 뿐이다.

강창수는 위안부 수요집회에도 자원봉사자로 참여한다. 남편처럼 곡괭이, 호미 들고 돌산을 깰 힘은 없지만 움직일 수 있을 때

이름 없는 역사

사람들을 위해 걷고 또 걷는다.

　　대한민국 정부는 1990년 하상세 선생에게 건국훈장 애족장
을 수여했다.

　　　　　　　　　　9. 교육으로 나라를 지키려 했던 하상세

참고 도서

——— 《한국 독립운동사1》, 한국일보사 펴냄

——— 《범재 김규흥과 3.1혁명》, 김상철·김상구 지음, 이담 출판사

——— 《강우규의사 평전》, 박환 지음, 도서출판 선인

——— 《임시정부 버팀목 차리석 평전》, 장석흥 지음, 역사공간

——— 《여성조선의용군 박차정의사》, 강대민 지음, 도서출판 고구려

——— 《독립유공자 증언자료집 1》, 국가보훈처 펴냄

——— 《사료로 보는 20세기 한국사》, 김삼웅 지음, 가람기획

——— 《서대문형무소 근현대사》, 김삼웅 지음, 나남출판

——— 〈범재 김규흥의 민족운동과 독립군 양성 계획〉, 김호진 지음(충북대학교 석

사논문)